生きてるぜ!
ロックスターの健康長寿力

大森庸雄
O'mori Tsuneo

PHP新書

はじめに

２０１６年、世界の著名なミュージシャンが、次々と亡くなった。１月10日、デヴィッド・ボウイが69歳、1月18日、イーグルスのグレン・フライが67歳、２月３日、アース・ウインド&ファイアーのモーリス・ホワイトが74歳、４月21日、プリンスが57歳で去って逝《い》った。僕らが少年時代を、青春をともに過ごしてきたアーティストたちともう会えなくなるのは寂しいものだ。だが一方で、60歳代から70歳代に入ってなおバリバリの現役で活動を続けているアーティストたちも少なくない。

かつてミック・ジャガーは、「45歳になって、まだ『サティスファクション』を歌っているくらいなら、死んだほうがいいだろう」と言っていた。だが70歳を超えたいまも歌い続けている。

１９６５年、シングル「マイ・ジェネレイション」を発表したザ・フーのピート・タウンゼントは、当時その曲についてこんなことを言っていた。

「年寄りと若者のギャップを歌った歌さ。オレたちはいつも老いぼれたバンドにはなりたくないとマジに考えているんだ。オレは、30歳になったら自殺するね。老いぼれには絶対なりたくない」

しかしピート・タウンゼントは、30歳をすぎて自殺することもなく、２０１４年、ザ・フーは50周年を迎え、２０１５年の５月、ピート自身70歳の古希を迎えた。ライブでは、相変わらず腕を風車のように振り回し、「マイ・ジェネレイション」を演奏し続けている。時代は変わったのだ。若いころ、「セックス・ドラッグス＆ロックンロール」と破天荒な日々を送ってきたロックンロール・スターも、40年、50年とそのキャリアを積み重ね、確実にロック・ミュージシャンの寿命は長くなり、五十路を、還暦を超えてライブを続けている。

元気の秘密は何なのか？

寿命自体が延びているのも事実だ。厚生労働省（２０１５年発表）によると、日本人の男性平均寿命は、８０・５０歳で世界３位、女性は、過去最高の８６・８３歳で３年連続世界一となった。平均寿命は、今後さらに延びていくことになるだろう。定年退職を65歳とすると、退職後、さらに15年、20年と生きることになる。この超高齢社会に、リタイア後のプランはしっかりしているだろうか？　老人ホームで過ごしながら、最期を迎えるのか？　還暦をすぎたからといって老け込むことはない。ミック・ジャガーとともに「サティスファクション」を歌い続けることはできる。

　１９６０年代から７０年代、音楽界に革命を起こし、いまなお現役で活動を続ける大御所のロック・スターたち、ローリング・ストーンズ、ポール・マッカートニー、ロッド・スチュワート、ブルース・スプリングスティーン、キッス、エアロスミス等々……、彼らがどんな日常を送っているのか、その健康の秘訣は？　それぞれの人生を検証しながら、生き抜いてきた秘訣とアンチエイジングに役立つ健康法をひもといていきたい。そこから、高齢化社会が進むなか、私たちにも役立つ充実人生のよりどころ、楽しみ方の答えを見つけられるはずだ。

目次

生きてるぜ！

ロックスターの健康長寿力

Still Alive and Well!! Rock's ultimate survivors!

PART 1 ロック・レジェンドたちに学ぶ健康と若さの処方箋

10 Greatest Fittest Rock Legends

注：PART1のプロフィールで、個人の体脂肪率は、「hollywoodmeasurements.com」、イギリスのミュージシャンの総資産額は、「2016 Sunday Times Music Rich List」、アメリカのミュージシャンの総資産額は、エンタメサイト「therichest.com」による資料を参考にしています。

PART
1

ロック・レジェンドたちに学ぶ
健康と若さの処方箋

10 Greatest Fittest Rock Legends

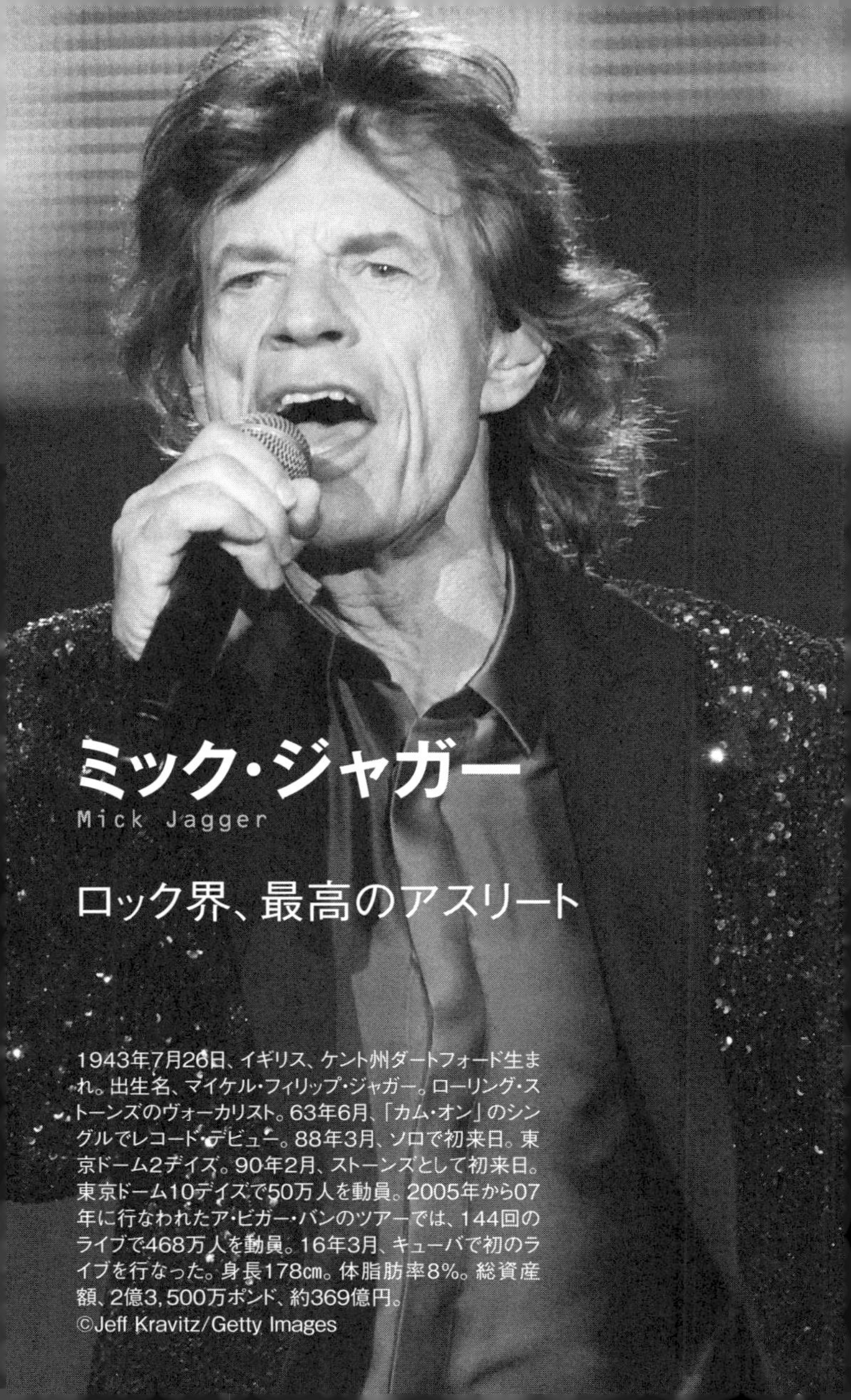

ミック・ジャガー

Mick Jagger

ロック界、最高のアスリート

1943年7月26日、イギリス、ケント州ダートフォード生まれ。出生名、マイケル・フィリップ・ジャガー。ローリング・ストーンズのヴォーカリスト。63年6月、「カム・オン」のシングルでレコード・デビュー。88年3月、ソロで初来日。東京ドーム2デイズ。90年2月、ストーンズとして初来日。東京ドーム10デイズで50万人を動員。2005年から07年に行なわれたア・ビガー・バンのツアーでは、144回のライブで468万人を動員。16年3月、キューバで初のライブを行なった。身長178㎝。体脂肪率8%。総資産額、2億3,500万ポンド、約369億円。

©Jeff Kravitz/Getty Images

アスリートとして育てられ、エリート・コースを歩んでいた学生時代

ローリング・ストーンズは、1963年のレコード・デビューから50年を超えたいまなおツアーを続け、世界でもっともお金を生むバンドになった。ストーンズを最強のライブ・バンドにするきっかけとなった94年から95年にかけて行なわれた「ブードゥー・ラウンジ」のワールドツアーは、634万人を動員した。さらに2005年から07年に行なわれた「ア・ビガー・バン」のツアーは、2年間で468万人を動員。売り上げは、ストーンズ史上最大の5億8,525万ドルになった。2015年も北米ツアーを行ない、2012年から15年にかけてのツアーからの売り上げは、3億6,000万ドル、日本円で446億4,000万円にもなる。

ワールズ・グレイテスト・ロックン・ロール・バンドと呼ばれるローリング・ストーンズ、ロックを知りたければ、ストーンズを体験しないことには始まらないということで、そのライブには往年のファンから若者たちまでやってくる。メンバーが50歳を超え、60歳代になるときに、世界中の音楽界をここまで熱くし、記録をつくるだろうとは、いったい誰が想像できただろうか？

かつて「45歳になって、まだ『サティスファクション』を歌っているくらいなら、死んだほうがいいだろう」と語っていたミック・ジャガーだが、45歳どころか、70歳を超えたいまも「サティスファクション」を歌い続けている。

ミック・ジャガー、１９４３年7月26日生まれ。２０１６年の夏で73歳。エリザベス女王から２００２年にナイトの爵位《しゃくい》を受けた。『ハリウッドメジャーメンツ』の電子版によると、身長１７８cm、体重65kg。体脂肪率は、一桁《けた》の８%だそうだ。ライブでは、30m×15mあるストーンズのステージを、平均19km走る。衰えを知らないステージ上の動きは、ストレッチとランニングでシェイプアップされたものだ。

２００６年、96歳で亡くなったミック・ジャガーの父親、ジョー・ジャガーは体育講師であり、イギリスではバスケットボールの第一人者といわれた人物だった。父親は、息子が３歳のとき、ボディビルに連れていき、バーベルの

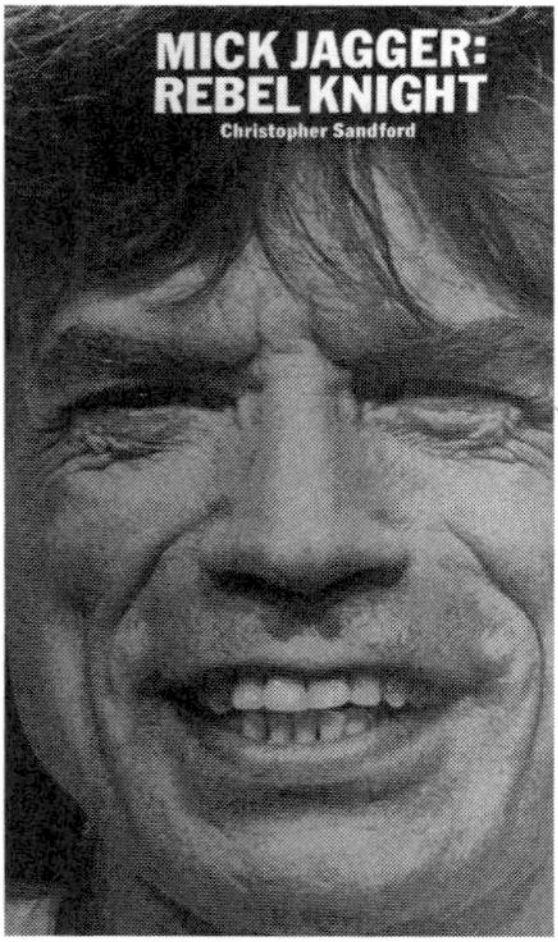

『MICK JAGGER:REBEL KNIGHT』（Christopher Sandford著／2003／Omnibus Press）

握り方を教えたという。グラマースクール時代には、日課として腹筋と腕立て伏せをワンセットずつ、裏庭を20周するランニングを課して、ウエイトトレーニングを終えてからじゃないと外出も許さなかった。ミック・ジャガーは、アスリートとして厳しく育てられたのだ。

メイポール幼稚園から小学校は、ウエントワース・カウンティ・プライマリー・スクールへと進み、ここでキース・リチャーズと出会うことになった。ただその後ミックは、上流の子供たちが通うダートフォード・グラマースクール、キースは、ダートフォード工業高校というブルーカラーの子供たちの学校へ進学した。ミック・ジャガーは、エリート・コースを歩んでいたのだ。このグラマースクール時代は、バスケットボールのキャプテンをする一方で、ブルース・ミュージックに惹《ひ》かれ、バンドを始めると、学業のほうはおろそかになりがちになったこともあった。

とはいっても当時ミックの夢は、バンドマンになるよりは実業家で、経済学士号の取得をめざし、ロンドン大学政治経済学院（ロンドン・スクール・オブ・エコノミックス）へと進んだ。１８９５年に創設、イギリスの政治家、財界人を生んだ名門校だ。在学中に結局、ローリング・ストーンズのフロントマンとしての道を選んだため、中退することになったが、ここで学んだ経済学は、のちにローリング・ストーンズというブランドの経営に大いに役立つことになる。

実業家ミックの快進撃

１９６９年、ミック・ジャガーは、ひどかった財政面の立て直しを図るべく動いた。デザイナーの友人、クリストファー・ギッブスの紹介で、オーストリア貴族で証券業を営んでいたプリンス・ルパート・ローウェンスタインに相談。ストーンズの経理全体を見てもらうことになった。

１９６９年末の全米ツアーでは、各地のプロモーターに対して、バンドの取り分を増やすことを要求した。そして１９７０年７月30日、それまでのデッカ・レコードとの契約が終了すると、あのベロマークをロゴに自らのバンド名を配したローリング・ストーンズ・レコードの設立を発表。世界のメジャーレーベルがストーンズの新レーベル獲得へ乗り出すなかで、ミック・ジャガーが選んだのは、名門アトランティック・レコードの親会社、キニー・グループだった。

プリンス・ルパートは、ストーンズの会計面を洗い直すなかで、莫大な使途不明金があることを見つけた。国税庁から多額の税金を請求されると、バンドが破産に追い込まれかねないことにもなり、その対策として、ストーンズはイギリスを脱出することになった。海外移住は、多額の税金をもっていかれるイギリスの節税対策の意味もあった。

こうして1971年4月6日、ローリング・ストーンズは、メンバー全員がフランスへと移住した。ミックと恋人のビアンカは、パリのホテルへ、ほかのメンバーは、南フランスへと向かった。

1989年3月、カナダのプロモーター、マイケル・コールのコンサート・プロモーションズ・インターナショナル（CPI）との契約は、世界の音楽関係者を驚かせた。ストーンズに提示された金額は、なんと7，000万ドル、日本円で約98億円。この契約には、ツアーグッズから映画化、テレビの放映料の権利までが含まれていたが、CPIは、数百万ドルといわれるステージ制作費を負担、さらにツアーの財政面のリスクを保証したという。この契約は、ストーンズのビジネスを巨大化させるきっかけとなった。

「スティール・ホイールズ」の全米ツアーは、8月にフィラデルフィアからスタート、12月のカナダ、モントリオールまで続き、売り上げは、9，800万ドル（約137億円）。クリストファー・アンダーセンの書いた『ミック・ジャガーの真実』（小沢瑞穂訳／福武書店）によれば、1990年2月、東京ドーム10デイズの日本公演では、3，000万ドル（約42億円）を手にしたという。ツアーはその後、5月からステージセットを変えて「アーバン・ジャングル」となり、ロンドン・ウエンブリー・スタジアムまで、ワールドツアーは続いた。アメリカのベテラン・ジャーナリスト、スティーブン・デイヴィスの著作になる『Old Gods Almost Dead』（Broadway Books）によれば、ツアーには、「遅刻をしないこと」「バックステージでのハードドラッグの禁止」「毎回、ライブ前のサウンドチェックは欠かさないこと」という新たなルールが課せられていたという。

　この「スティール・ホイールズ／アーバン・ジャングル」ツアー以後、ローリング・ストーンズは、たんなるロック・バンドではなく、企業としての組織づくりを図り、ストーンズというブランド事業を営むグローバル企業へと発展していくことになった。もちろんその戦略の中心には、ミック・

ツアーTシャツ。上2枚は89年の北米ツアー、下は99年の北米ツアー

ジャガーがいる。

ミック流、老いることに無縁な身体管理の秘訣

２００７年、イギリスＢＢＣニュースの電子版で、ミック・ジャガーへの質問状を受けつけていたことがある。一般のファンからの質問も受けつけ、そのなかにこんな質問があった。

「あなたは私の父よりも歳上です。父は、60だというのに週に48時間働いたあとはソファーからよっこらしょとやっと立ち上がっています。いったいどうやってロックし続けられているのか、エネルギーを維持し続けているのか、アドバイスお願いします」

ミック・ジャガー先生のアドバイスは、「フランスに行きなさい」。その理由はフランスなら労働時間も短くなり、30時間程度になり疲れも減少するだろう、というのがひとつ。さらに娘たちと出かけ、一緒にダンスをすることも勧めている。

ダンスといえば、ミック・ジャガーはバランス感覚を衰えさせないために、バレエのレッスンを受け、ヨガやピラティスのレッスンも受けている。バレエは、美しい身のこなしにも役に立つ。ツアー中はトレッドミル（ランニングマシン）を使ったウォームアップを欠かさない。

「（ライブを）うまくやるには念入りにやるべきだし、時期もある」

ツアーに出る前には数カ月準備をし、体力づくりに甘いものを控え、最高の体調をつくりあげ、ステージに立つのだ。

もうひとつ、BBCニュースでファンからの質問に対し、ミックは「シャワーを浴びながら歌を歌うのもいいよ」とも言っている。ただし、シャワー時にストーンズの曲を歌うことはないらしい。


1977年夏のツアーを前に、ミック・ジャガーのウエストは68cm、体重56kgになっていた。「ストレッチ体操にランニング。体を鍛えないと、ステージで2時間半もあんなことは続けられないよ。それに年とるほどにきつくなる」（『ミック・ジャガーの真実』）。

当時はウエイトリフティング、11kmのランニングをこなしていたという。

ミック・ジャガーの食生活は、どうなっているのか？

2011年8月のイギリスの新聞、『デイリー・メイル』にジャーナリストのリチャード・プライスが、ミックの私生活について書いている。そのなかの食事内容によると、全粒粉のパン、ポテト、玄米、パスタ、豆、鶏肉、魚、オーガニック栽培の野菜・果物を摂《と》っているのが特徴だ。また、オーガニック製法で開発された特製のアボカドをかなり摂るようになったという。熱帯、亜熱帯に生息をするこの果実は、がんや高血圧予防、老化防止にも役立つといわれている。オーガニックにこだわるようになったのは、ロン・ウッドの元妻、ジョー・ウッドからの影響が強いという。

朝には特製のスーパージュースを摂っているといわれていて、これは、古代ヒマラヤから伝わる果実からつくられたゴジジュースのようだ。ゴジベリーという小さな赤い実のジュースで、多くのビタミン、多糖体、たんぱく質、抗酸化物質、必須アミノ酸を含み、アンチエイジング効果があるとされ、フルーツ界のバイアグラとも呼ばれているのだ。ミック・ジャガーの腰の動きが衰えないのは、ゴジジュースのおかげなのだろうか？　あくまで噂でしかないが、ある中国人がゴジジュースを毎日飲み続け、２５０歳まで生きたという伝説まである。

加えてサプリメントを毎日摂取。ベースは、ビタミンA、C、EにD、ビタミンB群。加えて肝油のサプリメント、高麗人参、イチョウ葉エキスといった内容だ。そしてなにより大切なのは、早寝早起き。たまにはミッドナイトのパーティに出かけることはあるが、普段の生活では夜は11時には寝て、朝は6時には起きることにしている。

もちろんスキンケアにも気を遣う。使用化粧品をチェックしてみよう。アンチエイジングのために、クラランス、ランコムの保湿系のローション、さらに保湿クリームとしてクレーム・ドゥ・ラ・メールを使用。小じわを目立たなくし、みずみずしい肌にしてくれるという。さらに肌のキメを整え、潤いを与えるラ・プレリーのスキン キャビア ラックス クリームという高級品を愛用し、飛行機での移動が多いツアーでは、肌の内側まで潤いを与えるという超乾燥肌用クリーム、プリスクプティブ・スーパーフライト・クリームを使用するという。就寝前には、フェイスマスクに、目のクマ対策のアイクリームを二重に塗っているというが、大事なのは、11時には就寝するということのようだ。深夜にその街のクラブをはしごするといったエピソードは、もう過去の出来事にすぎない。もしも高級なスキンケアに手を出すのを躊躇《ちゅうちょ》しても、夜は11時に寝て朝の6時に起きることなら、今日からすぐにも実践できそうだ。

華麗なる女性遍歴

アスリート級の体力づくりから食生活に美容法までチェックしてきたが、ミック・ジャガーの人生を彩《いろど》ったのは、華麗なる女性遍歴だろう。マリアンヌ・フェイスフルやクリッシー・シュリンプトン。歌手のカーリー・サイモン、リンダ・ロンシュタット、フランスのニコラ・サルコジ元大統領夫人となったモデルのカーラ・ブルーニ、カナダの首相夫人、マーガレット・トリュドー。名門ギネス一族のサブリナ・ギネス、ルーカスというミックとの子を産んだブラジルのモデル、ルチアーナ・モラッド。そして2015年に自殺をした2001年からの恋人に、ファッション・デザイナーのローレン・スコットがいた。

だがそのなかで結婚をしたのは、二人だけだ。最初の結婚は、1971年にニカラグアの資産家の娘、ビアンカ・ローズ・ペレス・モレノ・デ・マシアス。2度目が、交際を始めて10年以上経った1990年にバカンス先のバリ島で突然、結婚式を挙げたテキサス出身のスーパーモデル、ジェリー・ホールだ。

2014年5月、ミック・ジャガーに、ひ孫が誕生した。ビアンカ・ジャガーとのあいだに1971年に誕生したジェイドの娘、アシーシ（21歳）に娘が誕生、エズラと名づけられた。

72歳になったミック・ジャガーだが、引退について訊《き》かれると、「いまのところ、ないね」ときっぱり否定している。このライフスタイルを見るかぎり、当分「老いる」という言葉とは無縁だろう。

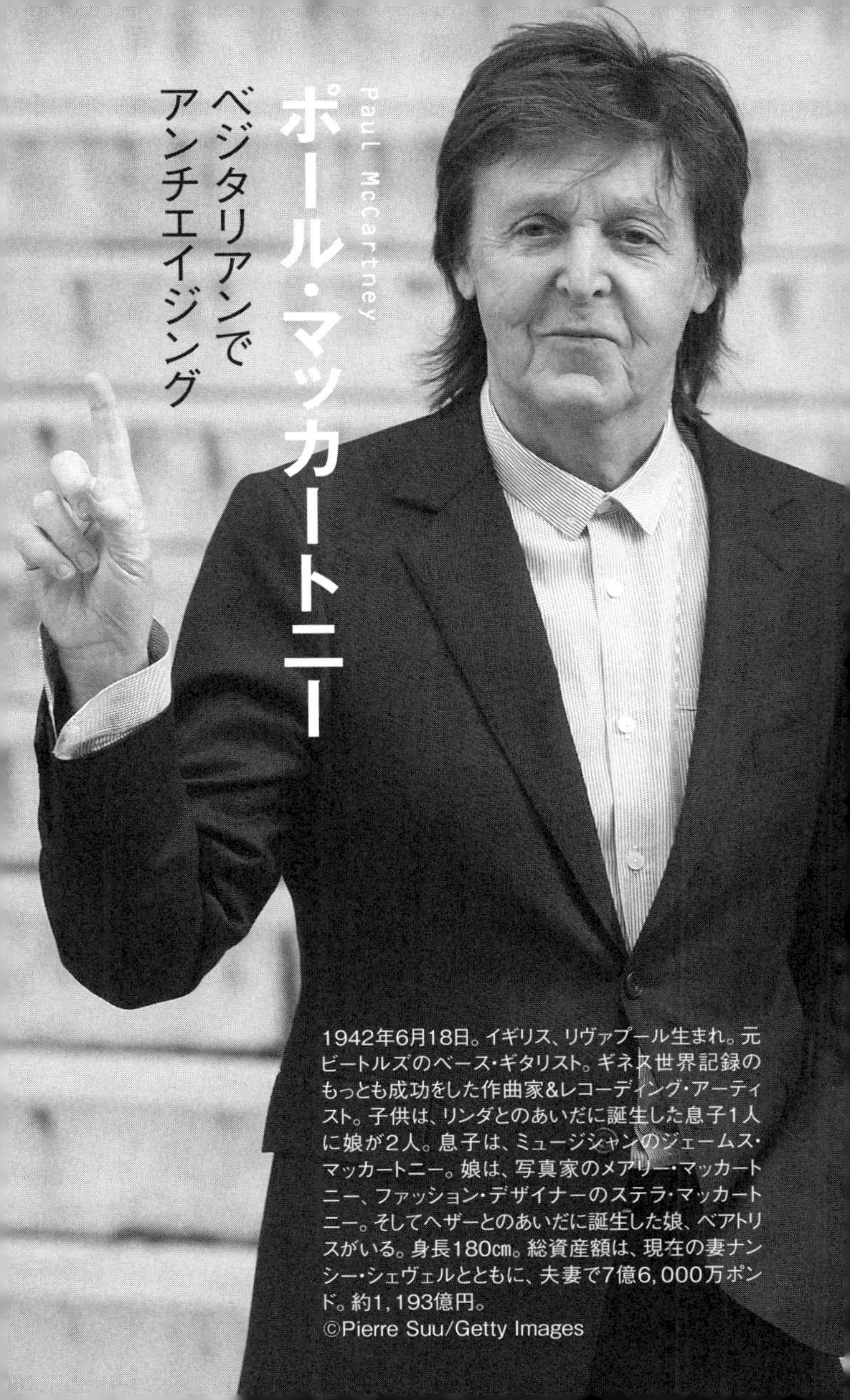

ポール・マッカートニー

Paul McCartney

ベジタリアンで
アンチエイジング

1942年6月18日。イギリス、リヴァプール生まれ。元ビートルズのベース・ギタリスト。ギネス世界記録のもっとも成功をした作曲家&レコーディング・アーティスト。子供は、リンダとのあいだに誕生した息子1人に娘が2人。息子は、ミュージシャンのジェームス・マッカートニー。娘は、写真家のメアリー・マッカートニー、ファッション・デザイナーのステラ・マッカートニー。そしてヘザーとのあいだに誕生した娘、ベアトリスがいる。身長180cm。総資産額は、現在の妻ナンシー・シェヴェルとともに、夫妻で7億6,000万ポンド。約1,193億円。

ポールを支えたリンダの愛

１９９８年４月第１週、ポール・マッカートニーは、家族を連れてイギリスからアメリカに旅立った。アリゾナ州トゥーソンにある牧場で休暇を過ごすためだ。４月15日、ポールとリンダは、二人で乗馬を楽しんだという。だが、これが二人にとっての最後の乗馬となってしまった。４月17日早朝、リンダ・マッカートニーは、ポールと４人の子供たちに見守られて、天国へと旅立っていった。

リンダ・マッカートニーの乳がんが報じられたのは、１９９５年12月11日に遡《さかのぼ》る。ロンドンのプリンセス・グレイス病院で診断を受けた結果、悪性の腫瘍が発見され、秋に除去手術を受け、手術は成功したことが伝えられた。翌９６年の秋、リンダの容態について訊《き》かれたポールは、「ファンタスティカリー」という表現を使い、「素晴らしく良好で、医師も満足をしている」というコメントをしていた。その年の12月には、髪をショートにしたリンダの様子が報じられ、回復は順調だと思われていた。だが、９７年、再発。病《やまい》との闘いは続いていった。そして９８年３月、リンダを担当する医師団は、がんの肝臓への転移を発表した。

そこでポールは、リンダが好きな大自然のあるアリゾナで家族と過ごすことを決めたのだった。ポールの追悼文《ついとう》には、こんな一文がある。

「彼女は殆ど苦しむことなく、愛する人々に見守られながら、あっけない最期を迎えました。

子どもたちと私は彼女の最期を看取りました。子どもたちは、それぞれ彼女に向かって、どれだけ彼女を愛していたか伝えることが出来ました。

最後に私はこう言いました。『君はあの美しいアパルーサ馬に乗ってるんだよ。素敵な春の日だ。僕ら、森の中を馬に乗って駆けてるんだよ。ヒヤシンスは咲き乱れているし、空も澄み切って青い』。

私がまだ言い終えないうちに、彼女は目を閉じ、去って行きました」(『ポール・マッカートニー メニー・イヤーズ・フロム・ナウ』バリー・マイルズ著/竹林正子訳/ロッキング・オン)

ポールからリンダへの愛に溢れた追悼文には、「三十年間彼女の恋人であったことを、私は誇りに思います」とある。がんの転移が伝えられた98年3月、リンダは、イギリスの雑誌『OK』とのインタビューでポールとの関係について、「私たち、またボーイフレンド、ガールフレンド、恋人同士になったみたいなのよ」と語っていた。病魔との闘いのなかで、当時の二人がいかに愛に包まれていたかが推測される。ビートルズ以後のポール・マッカートニーを支えたのが、リンダの存在だろう。二人は動物愛護と菜食主義に情熱を注ぎ、ポールの食生活の変化は、70歳を超えたいま、大きなエネルギーになっている。

ポールがリンダと初めて会ったのは、1967年5月15日、ロンドンのバッグ・オネイルズというクラブで、ジョージ・フェイム&ブルーフレイムズのライブが行なわれていたときだった。リンダは、ロック系の写真家として、イギリスのミュージシャンの取材をしていたが、その店でリンダを見かけたポールは、ほかのクラブに行かないか？　と誘った。その4日後に、ビートルズの『サージャント・ペパーズ・ロンリー・ハーツ・クラブ・バンド』のリリース・パーティで再会。そのときは、顔見知りになった程度でニューヨークへと帰ったが、翌68年5月、ポールがアップル・レコード設立のため、ニューヨークで記者会見を行なった際、再会をした。

ポールは、1967年12月25日に長年交際をしてきた女優のジェーン・アッシャーとの婚約を発表したが、翌68年7月20日には、イギリスのテレビ番組で、ポールとの7カ月にわたる婚約を解消したと発表した。これには、ポール自身も寝耳に水で驚いたらしいが、婚約解消の直接の原因は、ポールの浮気ともいわれている。ただし浮気相手は、リンダではない。恋愛についてポールは、こんなことを言っている。

「恋愛というのは――説明しがたいけど、何故だかしっくりくる相手と、ぴったり合うはずだと思ってもしっくり来ない相手といるんだよね」(『ポール・マッカートニー メニー・イヤーズ・フロム・ナウ』)

この婚約解消後、いちばんしっくりくる相手としてポールは、リンダ・イーストマンを選んだ。68年9月、ポールはリンダにロンドンにこないか? と誘ったのだ。リンダはこう言っている。

「彼らが『ホワイト・アルバム』を仕上げている数週間の間、滞在したの。最初の頃はスタジオには余り行かないようにしていたわ。気が引けちゃって。でもミキシングにはよく出向いて、たくさん写真を撮った」(前掲書)

一方ポールは、「最初の頃はセッションが終わって夜遅くに帰るから、ちょっとくつろぐために朝の二時頃に空いたロンドンの街にドライヴに出かけた」(前掲書)。

そんなドライヴから、アルバム『レット・イット・ビー』に収録された「トゥ・オブ・アス」は生まれた。

二人の仲は、急速に接近していった。

「最初の頃、余りに疲れていて、『とっても疲れているんだ。ごめん』と謝ったことがあるんだ。すると彼女は、『疲れてたっていいのよ』と言ってくれた。『何てことだ！』と僕は衝撃を受けた！　そんなことを言ってくれた人は今までいなかったから」（前掲書）

１９６８年10月31日にリンダがロンドンにやってきて、セント・ジョンズ・ウッドのポールの家に滞在。その後、スコットランドのキャンベルタウン近くにポールが所有していた農場で過ごした。羊や馬の世話をし、庭で作物をつくるそんな自然と触れ合うなか、二人の仲は急速に接近していった。その後、ポールがニューヨークのリンダの家で10日間ほど過ごした。

「あのニューヨーク旅行は、僕にとって心温まるひとときだった。絵をたくさん見たし、よく遊びにも出た。誰かのために何かしたり、誰かに会いにどこかに行ったりすることもなく、自分自身に戻れたんだ。とても自由だった」

ビートルズのポールではない、普通の生活ができたことで、このニューヨークでの休暇には大きな意味があった。そしてポールにとってリンダの存在は、特別なものになっていった。１９６９年3月12日、結婚。5月、リンダの妊娠が伝えられ、8月28日には女の子を出産した。名前は、ポールの母親にちなんでメアリー・マッカートニーと名づけられた。

ポール・マッカートニー死亡説が流れ、追悼ソングまで発表された１９６９年、ポール本人は、家族でスコットランドの農場にひきこもり、外の世界を遮断《しやだん》していた。

「マスコミはまたすぐに私たちのことを〝隠遁者〟と呼んで非難したりしましたが、野菜を育てたり、羊を飼ったり、泥んこになったりするほどすてきなことはありませんでした。景色の美しい600エーカーの土地で、馬や羊を飼育して、庭に作物のための温室を作りました。ポールはよく『リンダがリード庭師で僕がリズム庭師さ』と言っていました」（『リンダ・マッカートニーの地球と私のベジタリアン料理』リンダ・マッカートニー、ピーター・コックス著／鶴田 静、深谷哲夫訳／文化出版局）

リンダと始めたベジタリアン・ライフ

60年代を熱狂させたビートルズは、終焉《しゆうえん》に向かっていた。1970年4月11日、イギリスの新聞『デイリー・ミラー』は、ポール・マッカートニーのビートルズからの脱退を報じた。ポールはリンダという伴侶を得たことで、普通のファミリー・ライフに生きがいを見出し、農場では、自ら羊の毛を刈ったり、洗い物をしていたという。

結婚後、二人はお互いに影響し合い、愛を高めていった。リンダは、写真家としての仕事からほぼ引退、ポールはリンダにキーボードを教え、ソロ活動をスタート、さらにウイングスを結成、二人はともにステージ上に立つようになった。ポールは、リンダの家族を通して知り合った画家のウイリアム・デ・クーニングの影響から、油絵を描きはじめた。９９年には、ドイツのハンブルグのギャラリーで、展覧会を開いている。二人はまた、動物愛護にも力を注ぎ、人生のすべてをわかち合う、まさに理想の夫婦になった。

ポールは、動物の倫理的扱いを求める人びとの会（ＰＥＴＡ）をサポートしていることでもよく知られている。ロンドンのセント・ジョンズ・ウッドの家は、結婚をしたころ、犬、猫、鶏、ホロホロチョウ、カモ、ガチョウなどが飼われ、小規模の動物園状態だった。食生活も大きく変化した。動物との触れ合いが二人を、ベジタリアンにした。

「スコットランドの小さな丘の上、例のキャンベルタウンの近くにある牧場で暮らしていたときのことです。ある日曜日のランチで、私たちは子羊のもものローストが盛られた食卓に着こうとしていました。ふと窓の外を眺めると、野原で楽しそうに遊んでいる私たちの子羊

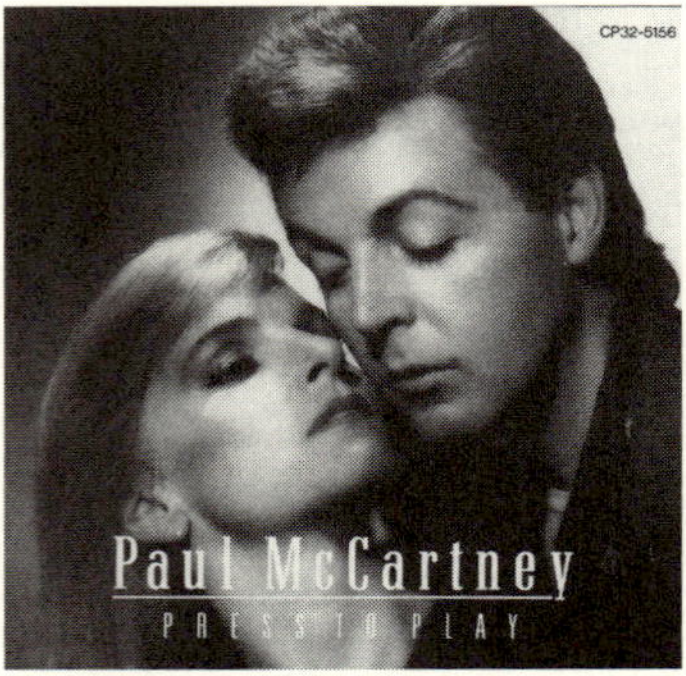

86年夏のアルバム「Press to Play」。ジャケットは、ポールとリンダの古きよきハリウッド映画へのオマージュ

が見えたのです。その時、私たちが食べようとしているものが、外で遊んでいる羊たちの仲間だということに気がついて、突然恐ろしくなってしまったのです。生きた動物たちと、お皿に盛られたものを結びつけた瞬間に、もう二度と肉は食べまいと決意しました。この日、ポールと私は、ベジタリアンになることを決めたのです」(『リンダ・マッカートニーの地球と私のベジタリアン料理』)

日本語の菜食主義には、ほ乳類の肉食をさけて、魚を食べる場合も入るようだが、英語のベジタリアンは、肉、魚は摂《と》らない。

ポールが、魚を食べることをやめるきっかけになったひとつの出来事があった。アメリカはナッシュビルの知り合いの牧場の湖で、釣りをしていたときのことだ。魚を釣り上げたとき、魚の命について考えてしまったのだという。

「普通なら『夕食になるんだよ、とブリキ缶に入れるところだよね』。でも僕は思ったんだ。『君を殺すことになるんだ。何かやれることがあるはずだ』。そこで優しく針をとり、『さあ行くんだよ』」と放してやったという。魚にも自分と同じように命があり、その大切さに気づいたというエピソードだ。

ベジタリアンの長所についてリンダは、前掲書でこう書いている。

「肉は大変消化が悪く心臓にも負担をかける食べ物ですから、ストレスのもとにもなります。イギリスでは、ストレスが最大の要因である癌にかかった場合、まず最初に菜食治療法（ベジタリアンダイエット）を行うのが常識になっています。ハーバード大学などの著名な栄養学者たちは、あらゆる心臓疾患の治療に菜食が望ましいという見解を出しつつあります」

具体的には、穀物、豆、種子類、新鮮な野菜、果物、乳製品を摂ることを勧めている。

「植物性蛋白には、牛肉や鶏肉や魚よりもずっと多くの蛋白質が含まれているのです」

ビートルズ解散後しばらくして、マッカートニー家はサセックスに移り、さらに自然との触れ合いを充実させていく。

「自分たちで食べる野菜はすべて自分たちの手で育てています。もちろん完全な有機栽培で、化学肥料、農薬などは一切使用していません。こうした自然なやり方が、すべての面で理想的な方法ですし、麦やとうもろこしも立派に育っています」

菜食主義についてポールのこんな名言がある。

「もしも屠殺《とさつ》場が、ガラス張りだったら、みんなベジタリアンになるだろう」

2009年には、「ミート・フリー・マンデー（MFM）」という運動も始めている。週に一回、月曜日には肉類を食べないようにしようというキャンペーンだ。家畜を飼育、消費することが、二酸化炭素の排出につながり、地球の温暖化に影響しているという。

「週一回クルマを使わないことより、はるかに簡単だろう」

ビートルズ解散後のポールは、ウイングスという自身のバンドでさらなる成功を収めることになったが、その音楽活動を支えていたのが、家族との温かいファミリー・ライフだったのは明らかだろう。ベジタリアンとしての食事の内容も大切だが、リンダの前掲書にこんなことが書かれている。

「とにかく一番大切なことは、楽しむこと、です。食事を用意すること、食卓に出すこと、食べること、その全体のプロセスを楽しみましょう。そうすれば、その料理はきっと、より味わい深く、より健康的で、この上ない満足感のあるものになるとお約束をします」

ベジタリアンにはならなくても、これなら、明日にも実行できそうだ。

ハートを打ち砕かれた2度目の結婚

リンダ・マッカートニーが56歳で亡くなったあと、ポール・マッカートニーは2度結婚をした。

2番目の妻となったのが、ヘザー・ミルズ。1968年1月12日生まれで、ポールとは26

歳差。交通事故で左足のヒザから下を失った義足のモデルで、環境問題や地雷撲滅運動の活動家。2001年7月23日、ポールがインドのジャイプールで購入したダイアモンドとサファイアの指輪をプレゼントし、プロポーズ。翌2002年6月11日、結婚をした。障害を抱えながらもチャリティ活動をする姿に惚《ほ》れたのかもしれないが、結婚を決める前にヘザーの元夫の話でも訊《き》いておくべきだったのかもしれない。

ポールとヘザーの交際が噂になっていった2000年5月、アメリカのタブロイド紙『ナショナル・エンクワイラー』は、ヘザーの初婚相手、アルフィー・カーマルとのインタビュー記事を掲載、こんな発言をしていた。

「急いで逃げるべきだよ、ポール! 君の新しい恋は、君の壊れやすいハートを打ち砕いてしまうよ。彼女が僕を打ち砕いたようにね」

その発言のように、ポールとは、結婚から2年後の2004年に早くも不仲説が流れ、2006年5月17日、二人は結婚生活が破局したことを発表。7月29日には、離婚の手続きが取られた。

その後、二人の離婚裁判はもめ続け、正式に成立するまでにさらに2年近くかかることになった。もめた原因は、慰謝料だ。多額な財産をもつセレブが結婚する場合、結婚前の取り決め契約をすることが多い。でもポールは、その取り決めをしなかった。恋は盲目というが、大きな代償を払うことになった。

離婚裁判は、2008年3月に決着。ヘザーは1,650万ポンド（約32億円）の慰謝料プラス780万ポンド（約15億円）の資産、娘のビアトリスちゃんの養育費として毎年、3万5,000ポンド（680万円）を受け取ることになった。当初、史上最高額の慰謝料になるともいわれていたが、4年弱という結婚生活から妥当な額だったといえるだろう。

ちなみにエンタメ界での高額慰謝料では、映画監督スティーヴン・スピルバーグが、妻のエイミー・アーヴィングに支払った134億円。歌手ニール・ダイアモンドが資産の半分を妻のマーシャに支払った175億円がある。

ヘザー・ミルズとの離婚が成立をしたとき、ポール・マッカートニーは65歳。女性たちは、このスーパーリッチなミュージシャンを放ってはおかなかった。女優のロザンナ・アークエットはじめ何人もの女性たちが噂にのぼった。

40年を超えるベジタリアン・ライフと最愛のパートナーとの出会い

そのなかでポールが3番目の妻に迎えたのが、ナンシー・シェヴェル。父親のマイロン・

シェヴェルは、ニュージャージーの運送会社、ニューイングランド・モーター・フライトを経営、彼女はその副社長で、ニューヨーク都市交通局の役員を務める資産家のセレブだ。その資産は、3，500万ドル（約42億円）。ヘザーとの長い離婚裁判で悩まされた教訓だろう。お金のことでもめることはなさそうだ。

二人は、アメリカの著名なテレビキャスター、バーバラ・ウォルターズの紹介で2007年の夏に知り合い、ニューヨークの高級リゾート地、イースト・ハンプトンでデートを重ねた。ポールはヘザーとの離婚裁判が続き、ナンシーは二十数年連れ添った夫の弁護士と別居中という事情も、二人の仲を急接近させたともいわれる。ナンシーが、リンダと同じく乳がんを患っていたことも何かの縁だったのだろう。2011年5月、ポールは1925年ものカルティエのダイアモンドの指輪を贈り婚約、10月に結婚をした。ポール・マッカートニー、69歳。ナンシー・シェヴェル、51歳。

2013年11月9日、日本公演のため、関西空港に到着。ポールとナンシーは、手をつなぎ、はっぴ姿でファンの前に姿を見せた。11年ぶりの来日公演、愛妻に日本を見せたかったのかもしれない。

70歳を前にして3度目の結婚。ツアーには、ベジタリアンフードを提供できる専属シェフが同行している。リンダと始めたベジタリアン・ライフは、40年たったいまも変わることなく、ポールにとってのアンチエイジングになっていることは、いうまでもない。

ソロでの初来日公演は1990年。2016年はビートルズの初来日から50年目に当たる

スティング Sting

知性派スターに学ぶ、マルチな健康増進法

1951年10月2日、イギリス、ニューカッスル、ウォールズ・エンドの生まれ。出生名、ゴードン・マシュー・トーマス・サムナー。77年、スチュワート・コープランド、ヘンリー・パドゥバーニとポリスを結成、その後、ギターにアンディ・サマーズが加入し、一時期、4人編成だったがパドゥバーニが脱退、3人編成となった。86年解散。2007年から08年、再結成ツアーが行なわれた。映画俳優としても『さらば青春の光』などで俳優としても活躍。14年、故郷を舞台にしたブロードウェイ・ミュージカル『ザ・ラスト・シップ』の舞台にも立った。身長、181㎝。体脂肪率、18%。総資産額、1億8,500万ポンド、約290億円。

マルチなロックスター

スティングは2010年、イタリア、トスカーナ地方のイル・パラジオにもつ農場で収穫したオーガニックな作物の産地直営販売を始めた。野菜、果物、オリーブオイル、ハチミツ、チーズ、ハム、サラミ、ワインなどで、海外にも出荷されたので、日本でも手に入れ、味わった人もいるはずだ。赤ワインは、スティングのヒット曲にちなみ、「ホエン・ウィー・ダンス」と名づけられ、とてもフルーティなワインだそうだ。さらに2013年には、農場内のコテージを貸別荘としてレンタルを始めたほか、ウエディングパーティもできるようにした。このパラジオの土地を最初に購入したのは1999年で、その後農場を広げ、900エーカー（364ヘクタール）もある大農場となっている。

農業への興味は、90年代初めにイギリス、ウイルトシャーの田園地帯にある16世紀に建てられた邸宅を購入したことがきっかけになっている。60エーカーの庭園と落葉樹の森があるその土地で50種類ものオーガニックの野菜、果物類の自家栽培を始めたことが、本格的な農業への進出のきっかけになった。

世界的なロックスターとして成功したのち、スティングは、音楽と異なる分野にも積極的にチャレンジをしている。マルチなタレントというのは、スティングのような人物のことをいうのだろう。幼いときから、さまざまな才能を発揮していた。

優等生スティングの10代

1962年、まもなく11歳になろうとしていたスティングは、奨学金を受けられることになり、グラマースクールへ進学した。グラマースクールはイギリスの教育制度で、大学進学を前提とする公立中学校のこと、クラス全体の男子で合格したのは、4名しかいなかった。優等生だったのだ。こうしてセント・カスバーツ・グラマースクールに通うようになり、学校で本の魅力を知ると次から次へと読みふけるようになったという。

「またたく間に本は私にとって飽くなき情熱のしるしとなり、部屋という部屋を埃っぽい本の山で満たすようになった」（スティング著『Broken music』（東本貢司訳／PHP研究所）

そのきっかけとなったのが、マッガフ先生という英文学の教師との出会いだった。先生については、こう書い

スティングの著書『Broken music』。音楽、恋愛、家族について語られている

ている。

「言葉の王国世界だけに生きているようだった。彼はエリオットの『荒野』の不毛な風景、ダンテの『煉獄』、ジョイスの『若き芸術家の肖像』の地獄の業火に私たちを案内してくれた。シェイクスピアの人間悲劇とチョーサーの『カンタベリー物語』のちょっとした道徳的欠如を、私たちが発見する手続きをしてくれた」

ビートルズの登場もまた、10代のスティングを夢中にさせたもののひとつだった。

「《シー・ラヴズ・ユー》がヒットチャートのナンバーワンに届いた頃、すでにグラマースクールに通っていた私を興奮させたのは、「ヤア、ヤア、ヤア」のコーラス部の力強い古風なスタイル以上に、コーダの最後を飾るGメイジャーのコードに六度を加えたところだった。古臭いダンスバンドの常套手段だが、ビートルズが使うと、微妙な皮肉が効いているように思えたのだ。このときもやはりそんなことは理解できなかったが、以前のポップミュージックにはなかった洗練されたレベルに、それが到達していることは、本能的にわかった」

ビートルズをきっかけに、ギターに音楽に夢中になっていくと、聴く音楽はジャズの世界まで広がっていった。

「マイルス・デイヴィスとジョン・コルトレーンを聴いていると、音響実験室の物理学者た

ちさながらに、このミュージシャンたちが人間の理解を超越した世界を開拓しようとしているように感じた」(前掲書)

文学と音楽、文系の男の子だったのかというと、一方でこんなエピソードがある。

「一〇〇ヤード走の学校記録保持者として、アシントンで行なわれたノーザンバランド州選手権に出場したのは、一九六七年、十六歳の夏のことだった。人生最大のレースだった」

レースには見事に勝利！　できる少年は、何でもできるものなのだろう。だが、その年の夏の全国大会では予選で敗退。走ることへの興味は冷めていったという。

教職とバンド活動の日々

将来何をしたいか、はっきりしないまま、卒業後はバスの運転手や工事現場で働き、税務署に勤めていたこともあったが、長続きせず、ノーザンカウンティーズ・ティーチャーズトレーニング・カレッジに通い、教職に就《つ》く資格取得をめざした。

「教師の仕事は少ない勤務時間で休暇も多いうえに立派な肩書があり、わずかなりともギグを続けていくに足る収入もあるはずだと考えたのだ」(前掲書)

１９７４年の夏、イングランドのクラムリントンにあるセント・ポールズ・ローマン・カソリック・ファースト・スクールで教職に就くことになった。8歳の男女生徒のクラスを受けもったスティングは、「血沸き肉躍る冒険小説を生徒たちに読んで聞かせることに喜びを見出した」。

また得意のギターを弾きながら、クリスマスソングやフォーク・ソング、ゲーリー・グリッターやスージー・クアトロ、マッドといった当時のヒット曲を歌わせることもあったという。スティングの弾き語りで生徒たちは歌ったのだ。なんという幸運な生徒たちだっただろう。一方で、夜はラスト・エグジットというバンドで精力的に音楽活動を続けていた。バンド活動は、のちにスチュワート・コープランド、アンディ・サマーズとポリスを組むことになるが、アンディ・サマーズとは、本と映画が好きなことでも意気投合した。

「膨大な蔵書は深遠な伝奇的趣味に偏り、映画に関する知識は辞書並みで、文化もの全般について独善的なほど高い見識を持っていた」（前掲書）

1978年春、「ロクサーヌ」でデビューしたポリスは世界有数のバンドになった。

ポリス解散後の人生は、ヨガ中心でアンチエイジング

ポリスは、1986年に解散をした。80年代にスティングの人生は、公私ともに大きく動いていった。離婚、再婚、ポリスの解散、熱帯森林への関心、ヨガに目覚め、自然食を摂《と》るようになり、1日8㎞のランニングも始めた。

60代に入ると、ますます健康志向が強くなっていった。その食生活は、自らオーガニックの農作物を栽培していることからもわかるように、マクロビオティック・ダイエットを実践。肉類はあまり食べず、無農薬、自然農法の野菜を摂り、砂糖、塩、乳製品なども控えるようにしている。もちろんツアーには、パーソナル・シェフが同行している。

マクロビオティックの「マクロ」とは、大きい、長いという意味。「ビオ」とは、生命、生物学、「ティック」は、学術名をつくる単語だ。すなわち、マクロビオティックとは、長く生きるための学問ということで、まさにアンチエイジングなのである。

*

一連のスティングの変化に大きく影響を与えたのが、1992年に結婚した女優で映画プロデューサーのトゥルーディ・スタイラーの存在だろう。1989年、二人は、熱帯

2000年のヒット・シングル「Desert Rose」

森林保護団体を設立、プライベートでは、ダニー・パラダイスというミュージシャンで、アシュタンガ・ヨガのインストラクターとの出会いから、ヨガを始めた。

スティングは、ヨガについてこんなことを言っている。

「ヨガは、ある点で、音楽と似ている。長い時間、進化し学習し続ける。そこに終わりはないんだ」

スティングが始めたのは、アシュタンガ・ヨガで、呼吸と動作を連動させて、流れるような動きをつくるが、そのポーズを会得するのは、なかなか難しい。その後は、ほかのヨガも学び、ほぼ毎日、エクササイズに取り入れて、歌にステージでのパフォーマンスに、よい影響を与えている。

古代インドに生まれたヨガは、心と身体の機能を向上させるという。その呼吸法やポーズは健康促進に、瞑想は精神面を強化、脂肪を燃焼させ基礎代謝を高めることで、ダイエットにも効果があるともいわれる。さらにスティングとトゥルーディ夫妻は、タントリック・ヨガを二人の関係に取り入れた。スティングにとって再婚相手となったトゥルーディについては、著書『Broken music』のなかで、こう語っている。

「私たちが出会った瞬間から惹かれあっていたことは誰の目にも明らかだったようだ。最初のうちは開けっぴろげで子供っぽい無邪気さのなせるわざだったが、お互いの存在に対する喜びと自発行動は覆い隠しようもなく、恋心は日に日に強さを増す一方で、私は本心の在処を求めて苦悩し始めた」

１９７６年にスティングは、女優のフランセス・トメルティと結婚をし、子供もいた。トゥルーディにもまた恋人がいた。その複雑な関係のなか、恋の炎は消えることはなく、再婚までにかなりの時間はかかったが、結婚後は、音楽界きってのおしどり夫婦として知られている。そして二人をホットにしているのが、タントリック・ヨガなのだ。インドに古くから伝わる経典で、精神的な技法だという。男女ひと組で行なわれ、人の身体にある気（エネルギー）の出入り口であるチャクラを相互に刺激し合うもので、通常では感じ得ない深い絆《きずな》を感じるという。スティング夫妻は、タントリック・セックスのもたらす効果についてオープンに語っていて、「5時間も続いた」こともあるという。アメリカのテレビ番組にスティングが出演した際、ホスト役のジェームズ・リプトンにこのことを訊《き》かれたときに、神聖な儀式であり、精神的なものだと語っていた。タントリック・ヨガについて興味をもたれた方は、ぜひ、ご自身で探究されたい。

デイヴィッド・リー・ロス

David Lee Roth

ロック界の冒険王

1954年10月10日、アメリカ、インディアナ州ブルーミントン生まれ。「ダイアモンド・デイヴ」とも呼ばれるが、この名はレッド・ボール・ジェッツ時代に付けられたもの。78年1月、ヴァン・ヘイレンのヴォーカリストとして、シングル「ユー・リアリー・ガット・ミー」でメジャー・デビュー。2月、ファーストアルバム発売。10月にミリオンセラーを記録。85年、脱退、ソロ活動に入る。2007年から08年、ヴァン・ヘイレンとのリユニオン・ツアー。13年のツアーでは、6月21日、東京ドームでライブを行なった。身長、182㎝。総資産額、6,000万ドル、約66億円。

ギネス公認、世界でもっとも高いギャラ・バンド

人生パワー全開、ハイテンション。つねにチャレンジを続ける生き方こそ、デイヴィッド・リー・ロス（DLR）にとってのアンチエイジングになっている。

ダイアモンド・デイヴことデイヴィッド・リー・ロスは、1978年、ヴァン・ヘイレンのリードヴォーカルとして鮮烈にデビュー。シングル「ユー・リアリー・ガット・ミー」とともにリリースされたファーストアルバムは、その8カ月後には、100万枚を売り上げプラチナアルバムに認定、いまでは全米レコード協会により、1,000万枚を超えるダイアモンドアルバムとなっている。日本では発売直後の同年6月に初来日、6月17日の新宿厚生年金会館を皮切りに名古屋、大阪、京都とまわる日本公演を行ない、日本のロック・ファンにも衝撃を与えた。ハイテンションで溢れんばかりのエネルギーを放出してくる鮮烈なライブは、いまでも忘れられない。

その後1984年、「ジャンプ」の全米ナンバーワン・ヒットで、人気を不動のものにし、ライブでも伝説をつくった。1987年5月最後の週末、28日から30日の3日間、そして6月4日を含む4日間、カリフォルニア、サンバーナディノで行なわれたロック・フェスティ

バルが、USフェスティバルだ。このフェスを主催、企画したのは、スティーブ・ウォズニアックという人物で、スティーブ・ジョブズとともにアップルを設立した一人だ。フェスは、4日間で67万人を動員したにもかかわらず、1，200万ドル（約29億円）もの赤字になったという。連日トップクラスの出演者を揃えたため、高額の出費になったのも一因と思われる。このフェスで最高額の出演料を受けたのが、2日目のヘヴィメタル・デイのトリを務めたヴァン・ヘイレンだった。その額150万ドル（当時の金額で3億6，000万円）で、ヴァン・ヘイレンは、世界でもっとも高いギャラを支払われたバンドとして、ギネス公認の世界記録となった。

だがデイヴィッド・リー・ロスは、その84年の末にソロ・アルバムを発表、翌85年には、ヴァン・ヘイレンを脱退、ソロでの新しい道を歩みだした。

ロック・クライミング、トレッキングの冒険で本領発揮！

ソロ・アルバムの2作目、『スカイスクレイパー』から生まれたヒットシングル、「ジャスト・ライク・パラダイス」のミュージック・ヴィデオには、デイヴィッド・リー・ロス本人がロック・クライミングをしている様子が使われている。アルバム『スカイスクレイパー』

のジャケットにも使われているが、合成写真ではない。チャレンジャー、デイヴィッド・リー・ロスの本領発揮といったところだ。

撮影された場所は、アメリカ、カリフォルニア州のヨセミテ国立公園内の花崗岩ドーム、ハーフドーム。標高は、2,694m。このクライミングは、世界最高峰、エベレスト登頂に成功をしたアメリカの登山家、デイヴィッド・ブリーシアーズとその友人でアウトドア・クライマーのマイク・ウィーヴィスの協力を得て成功させた。だがこれは、次なる冒険への序章でもあった。1991年には、ヒマラヤのトレッキングに出かけたのだ。98年に出版された自伝『CRAZY FROM THE HEAT』（David Lee Roth著／Ebury Press）では、12ページも使って、ネパールの山岳民族、シェルパからチベット茶のことまでヒマラヤ体験について詳細に書いている。いかにこのトレッキングが貴重な体験だったかが窺《うかが》える。

David Lee Roth著『CRAZY FROM THE HEAT』（Ebury Press発行のUK版）

ガイドブック『地球の歩き方 ネパールとヒマラヤトレッキング』（ダイヤモンド社）によれば、ネパール政府は「6,000メートル以上のピークを征服することを登山、それ以下の山々を歩くことはトレッキング」として、気軽にヒマラヤを楽しんでもらうことにしたのだという。このトレッキングには、2，000m以下の初心者向けのコースから、4，000mを超える高所をめざす上級者コースまである。とはいっても1，800mを超えると高山病の危険も伴い、気軽にハイキング気分では行けない。

デイヴィッド・リー・ロスの冒険は、ネパールの首都、カトマンドゥから小型機で約30分のルクラから始まった。エベレスト・トレッキングの起点となるこの村の標高は、2，840m。そのルクアから4時間ほど歩くとチュモアに着き、さらに3時間ほどでナムチェに到着をする。デイヴは自伝本のなかで、この村をジェームズ・ヒルトンの小説『失われた地平線』に登場する理想郷、シャングリラにたとえている。標高3，440mだが、この村にはゲストハウスや両替所もあり、生活用品を売る市場もある。ネパールのトレッキングでは、大自然だけではなく、米、麦、トウモロコシなどさまざまな穀物からつくられた濁《にご》り酒、チャン、イネ科のヒエなどにお湯を注ぎ飲む、お酒トンバ、ネパール風のミルクティー、チャヤなどの飲み物なども楽しんだようだ。次のヒマラヤ挑戦では、8，848mのエベレスト登山へのチャレンジも視野に入れているに違いない。

クリストファー・コロンブス以上の冒険王

デイヴィッド・リー・ロスにとってのヒーローは、クリストファー・コロンブスだという。西インド諸島から中央アメリカまで到達をしたというイタリアの冒険家、航海者だ。デイヴ自身、コロンブスに学ぶように、というよりコロンブス以上に世界各地を冒険旅行をしている。ヒマラヤ・トレッキングでわかるように登山が好きで、アメリカ以外の海外15カ国で山に登ったという。もちろん冒険は、山だけにとどまらない。1979年には、南太平洋の南海の楽園、タヒチに旅行。1983年、ヴァン・ヘイレンの南米ツアーが終わると、アマゾン観光の拠点、ブラジルのマナウスへと向かった。マナウスは、アマゾン川流域にあり、ピラニア釣りやトレッキング、アマゾン川のクルージングなどが楽しめる。

だが普通の観光ツアーにデイヴが満足するはずもなかった。このアマゾンの冒険では、地図に載ってもいない村を見つけ、ギターがあったので、75人ほどの住民たちを前にブルースを歌ったというエピソードも生まれたが、一方では、脱水症状のため1週間ほどで7kg近く痩《や》せたり、何かに刺されて死にそうになるなど、たいへんな経験をすることにもなった。

虚弱な少年時代を支えたのは音楽、本、そして武術

人生、つねに新たなるチャレンジとはいっても、子供のころから恵まれた人生を送っていたわけではなかった。2歳で脚の矯正装具を付け、眠るときにも外せない生活が、4、5歳まで続いていた。また食物アレルギーも抱えていた。6歳で精神科医に通い、10歳のときには、ADHD（注意欠如・多動性障害）の治療を受けた。ADHDは、脳の機能障害のひとつで、落ち着きがない、集中力が続かない、せっかち、忘れ物をしやすいなどの症状がある。日常生活に支障を感じれば治療が必要になるが、その症状は思春期で消える場合もあれば、大人になっても残る人もいるという。

カリフォルニアにやってくるまで、インディアナからマサチューセッツ、ニューイングランドと全米各地を点々とする落ち着かない日々のなか、ドラッグや女性体験をし、喧嘩《けんか》が原因で退学になったこともあった。少年時代のデイヴを支えたのが、音楽、本、そして武術だった。

音楽との最初の出合いは、7歳のとき。家にあったアル・ジョルスンのレコードに感動、歌い踊るアル・ジョルスンに憧れたという。1920年代のヒット映画『ジャズ・シンガー』

などに主演をしていたエンターテイナーだ。音楽界でのヒーローは？　の質問には、ジェームス・ブラウンの名前を挙げている。ゴッドファーザー・オブ・ソウルとも呼ばれ、マイケル・ジャクソンにミック・ジャガーなど数々のトップアーティストに影響を与えてきたR&Bシンガーだ。カリフォルニアに移ってきた10歳のころは、ビートルズやローリング・ストーンズなどブリティッシュ・ビートバンド勢が大攻勢をかけていたときで、大きな影響を受けたという。もちろんソロになって最初のシングルでビーチ・ボーイズの「カリフォルニア・ガールズ」をカヴァーしたことからもわかるように、カリフォルニアのビーチ・ボーイズからの影響も大きい。

一方で、少年時代から読書家で、週に1冊は本を読んでいたというが、ペーパーバックからハードカバーの小説にコミックス、雑誌の『プレイボーイ』まで、手あたり次第の乱読派だが、この読書が、アタマのトレーニングと豊富な知識を与えてきたといえる。

ヴァン・ヘイレンの2013年東京ドーム公演は、ライブアルバムとなった

格闘技で鍛えあげられた身体と精神

武術との出合いは、12歳のときまで遡《さかのぼ》る。カリフォルニア、パサディナのデイヴの家の隣りに、吉田さんという剣道のインストラクターが住んでいたことから教えを受けはじめ、その後、空手やブラジリアン柔術を学ぶなど格闘技の世界を広げていった。1980年代には、元キックボクシングの選手ベニー・〝ザ・ジェット〟・ユキーデ、エルヴィス・プレスリーにも教えたことでも有名な武道家、エド・パーカーから剣法空手を学んだ。空手は、ステージアクションにも反映されているが、デイヴィッド・リー・ロスの身体を鍛えあげたのは、この格闘技の修行だ。

1992年、風刺報道で知られるアメリカの報道機関「ジ・オニオン」のウェブサイト、『The A.V.Club』とのインタビューで当時の生活についてこんなことを語っていた。

その1週間は、月水金と朝の7時に起床してブラジリアン柔術のレッスン、8時15分にポルトガル語の先生がきて個人レッスン。ポルトガル語だけじゃない。週2回は、スペイン語のレッスン。また週に2日、剣道の先生が自宅にきて教えていたという。

ちなみに1982年に700万ドル（当時の為替レートで約16億円）で購入したというパサ

ディナの邸宅は、部屋数が20、30mプールに剣道の道場まである。プールと道場、それぞれでのトレーニングは、自らの鍛錬になるだけではなく、精神面の強化にも役立っている。

DLRのチャレンジ精神に学ぶアンチエイジング

デイヴィッド・リー・ロスのチャレンジは、多彩な分野に広がっている。98年2月、ニューヨークのセントラルパークのリンクで、アイススケート中に手首を怪我したこともあった。2005年には、テキサスでアメリカ陸軍のトレーニングを受け、ヘリコプターの操縦を習い、免許を取得した。2010年には、世界最大規模といわれるニューヨーク・マラソンに参加。タイムは、6時間4分台だった。ちなみに1位になったエチオピアのゲブレ・ゲブレマリアム選手のタイムは、2時間8分14秒。その大会にはセレブも多数参加をしていて、映画『バックドラフト』などに出演をしている俳優のウイリアム・ボールドウィンのタイムは、3時間24分台。デイヴィッド・リー・ロスの6時間というのは、あまりにどうなんだというタイムだが、途中サインをしながら走っていたということで、どうやらファンサービスのマラソンだったらしい。

50代になったデイヴィッド・リー・ロスは、2012年5月から13年にかけて、日本に滞在をしていた。当時の恋人が日本女性だったというのが大きな理由らしいが、東京の街を自転車で走り、墨絵を体験するなど、日本文化を楽しむほどの親日家になっていった。東京ドームで行なわれた2013年のライブは、自ら主演をした『外人任侠伝～東京事変』というショートムービーを上映した。

デイヴィッド・リー・ロス、社交的で芸術方面に長《た》けた天秤座の特徴そのままに、才能を開花、大自然を楽しみながら人生を送る生き方には、学ぶことも多い。還暦をすぎても音楽に冒険に向かうそのエネルギーは、アンチエイジングな生き方になっている。

ロッド・スチュワート

Rod Stewart

美女とサッカーとスーパーカー

1945年1月10日、イギリス、ロンドン生まれ。出生名、ロデリック・デイヴィッド・スチュワート。66年終わりに加入をしたジェフ・ベック・グループを経て、69年、ロン・ウッドとともにフェイセス結成。バンド活動の一方で、ソロ活動を始め、71年、ソロで発表をした「マギー・メイ」が全英全米ナンバーワンを記録。94年の大晦日、ブラジル、リオデジャネイロのコパカバーナ・ビーチで行なわれたライブでは、350万人を動員、ギネス記録をつくった。身長、178㎝。体脂肪率、20%。好みのタイプは、ブロンドで長い脚の女性。総資産額、1億6,000万ポンド、約251億円。

華麗なるアンチエイジングは、女性とクルマ

２００５年3月9日、水曜日。フランスはパリのエッフェル塔。地上１２５ｍの第2展望台に、フランス料理界の巨匠、アラン・デュカスがプロデュースをしたレストラン、ルジュール ヴェルヌがある。ロッド・スチュワートは、３度目の妻を迎えるにあたり、この場所をプロポーズの場所に決めていた。たまたまパリにいたからじゃない。わざわざプロポーズするために、イギリスから飛行機に乗り、パリへとやってきたのだ。恋人のペニー・ランカスターと彼女の両親には、たんに「旅行」としか伝えてなかった。ロッドは、サプライズにプリンセスカットのダイヤのエンゲージリングを用意していた。ペニー・ランカスターの答えは、もちろんＹＥＳ！

このとき、ロッド・スチュワート、60歳。ペニー・ランカスター、33歳。還暦を迎えてのプロポーズに、恋人たちの街、パリのエッフェル塔を選ぶとは、なんともロマンティック。さすがロック界のモテ男はやることが違う。還暦をすぎても、女性に対してロマンティックな演出ができること、アンチエイジング度を測る尺度になりそうだ。

結婚は3回だが、女優にモデル、ブロンドの美女たちと数々の浮き名を流してきた。まさ

に男子としては、うらやましいかぎりだが、こんなことも言っている。

「俺の中では、成長するうえでの重大事をランク付けすると、車を持つことは一番トップに来る。酒やセックスより上をいくんだ」（『ロッド ロッド・スチュワート自伝』ロッド・スチュワート著／中川泉訳／楓書店）

いいクルマに乗っている男には、自然と美女たちも寄ってくるものだとすると、クルマへの興味もまたアンチエイジングに必要なアイテムということになる。

クルマについてのエピソードに、こんなことがあった。1968年10月8日、ロッドは、マーキュリー・レコードとソロ・シンガーとして契約をした。この契約から「マギー・メイ」のヒットが生まれることになったわけだが、このときの契約金1，300ポンドは、ロッドがほしかったイギリス製のスポーツカー、マーコスの新車価格だった。

ロッド・スチュワートの華麗なる愛車遍歴、これが凄い。クルマ好きの憧れの名車を次々と乗りついできた。最初に買ったのは中古のモーリスミニ・トラベラーで、ジェフ・ベック・グループのヴォーカリストになり、少しはお金に余裕ができてきた1967年のことだったという。次に手にいれたのが、白のトライアンフ・スピットファイアー。イギリスのオープン2シーターのスポーツカーだ。そして契約金で黄色のボディの真ん中に白のストライプの入った憧れのマーコスを購入。さらに1930年代の名車、メルセデスSSKをモデルにしたクラシック調の2シータースポーツカー、エクスカリバーに乗っていたこともあった。

1970年代に入ると、ソロとフェイセスで活躍、収入も増え、71年の春には、ランボルギーニミウラP400Sを購入。ベルトーネ・デザインの横置き12気筒エンジンを搭載したスーパーカーだ。ミウラSは、370馬力に出力を向上させたモデルで、生産数140台という希少車だ。80年代になると、日本のスーパーカー・ブームをつくったランボルギーニ・カウンタックを数台乗り換え、2000年代には最高速度300㎞／hオーバーのランボルギーニ・ムルシェラゴにも乗りついだ。

世界でもっとも美しいクルマにも選ばれた、ロッドお気に入りのランボルギーニ・ガヤルド・スパイダー

ランボルギーニが出てくれば、もちろんフェラーリも所有。ピニンファリーナ・デザインのスーパーカー、フェラーリ・テスタロッサはもちろん、「公道を走るF1」と呼ばれるフェラーリF50、2002年には、フェラーリ創業から55年目を記念したモデル、エンツォ・フェラーリをもコレクションに加えるというマニア垂涎《すいぜん》のクルマが並ぶ。

ロッドが、いかに派手なスポーツカー好きなのかがわかるだろう。1975年、スウェーデンの女優、ブリット・エクランドとつき合いだしたとき、税金対策でアメリカに移住、ロサンジェルスに住みはじめた。当然アメ車のスポーツカーを購入することになったが、シボレー・コルベットと思いきや、選んだのはACコブラだった。さすがカーマニアらしいチョイスだった。スポーツカーといえば、一時はポルシェ・カレラ・ターボに乗っていたこともあったが、ポルシェについては、こんな発言をしている。

「ポルシェは、ちょっとした気の迷いで手に入れたってところがあった。たいてい俺はイタリアの車にぞっこんなんだよ」（前掲書）

ロック界の伊達男《だておとこ》には、たしかにドイツ車よりもイタ車がお似合いだ。モーリスミニから始まった愛車の歴史は、お宝スーパーカーを所有するまで昇りつめた。

趣味の鉄道模型は老化防止!?

長い人生のなかでは、運命が大きく動くときがある。ロッド・スチュワートにとっては、1971年こそ、運気が大きく右肩上がりに動いた年だった。「マギー・メイ」という世界的なヒットを生み、人生における最重大事のクルマは、ランボルギーニを買えるまでになった。そして美女たちとの噂がタブロイド紙の紙面を賑わせていくことになる。

1971年、ロサンジェルスで出会ったのが、イギリス南部の出身で、英国空軍パイロットを父親にもつディー・ハリントン（21歳）だった。知り合って3カ月もしないうちにロッドからプロポーズし、二人は婚約をした。婚約までは早かったが、4年ほど過ごしたものの結婚には至らなかった。この婚約中に会計士から税金対策のため、お金を使うように言われたロッドは、イギリスの田舎にクランボーン・コートというイギリス貴族が所有していた邸宅を購入した。ロッドの自伝には、こう書かれている。

「クランボーン・コートを買うのは問題じゃなかった。問題だったのは、中に入れるものだった。前の家から家具を運び入れても、新居の一部屋も埋まらず、残り三十五部屋分の調度品が必要になったんだ」

趣味の鉄道模型用には2部屋を使い、壁に穴をあけて線路を通したというエピソードもある。

この鉄道模型は、ロッドの長年の趣味だ。1934年に創刊された歴史あるアメリカの鉄道模型の専門誌、『モデル・レイルローダー』の表紙を2度飾ったというのも自慢らしい。

1993年、アメリカLA、ビバリーパークにテニスコートにプール付きの邸宅を購入すると、縦15m、横6m半という巨大なレイアウト・ジオラマを製作した。『モデル・レイルローダー』に掲載された記事によると、レイアウトは、1940年代のニューヨーク・セントラル・ステーションを再現、ニューヨークの高層ビル街にペンシルバニア鉄道を走らせている。ただし鉄男くんではないという。自伝には、こう語っている。

「俺の場合は鉄道がメインってわけじゃないんだ。鉄道には、特に惹かれない。俺は鉄道オタクじゃないし、機関車の種類がどうとかといったことも、よくわからない。俺が惹かれるのは、鉄道線路の周囲に、都市や景観を本物そっくりに作っていくことなんだ。俺にとって、真髄である模型製作に至る手段に過ぎないんだよ」

自慢のできる趣味をもつこともまた、アンチエイジングに役に立つ。ロッドの場合、この家にいるときは、1日4時間ほどもここで過ごすという。鉄道模型を楽しんでいるときには、酒にはいっさい手も出さないほど夢中になっているということだ。そんなときは、少年時代にもどっているに違いない。少年のような心をもてていれば、老化を恐れることはない。

ブロンド美女とのラブアフェアは限りなく

さて、婚約をしていたディー・ハリントンだったが、ロッドがさらにヒットを出し、大きな成功をつかむと留守にすることが多くなるなか、大きな家に一人でいる状況におかれることが多くなっていった。二人で過ごす時間も少なくなるなか、決定的な亀裂は、ロサンジェルスのライブハウス、トルバドゥールで偶然ロッドがブリット・エクランドと会っているところを見てしまったことだった。そして、二人の婚約は破棄された。

「次のロンドン行きの飛行機に乗ることにしたの」（『ROD STEWART』Tim Ewbank and Stafford Hildred／Citadel Press）

2016年6月10日、「サー」の称号で呼ばれるナイトの爵位を授与された

ブリット・エクランドは、スウェーデン出身。1974年の映画『007 黄金銃を持つ男』のボンド・ガールを演じていたブロンドの女優だった。「当時の彼女は大スターだった。俺は有名人の女性とデートしたことがなかったんだ。その部分だけでも、とても興味をそそられたね。スターに目がくらんだって感じだったよ」（『ロッド ロッド・スチュワート自伝』）
二人の親密度は、ブリット・エクランドのウイスパー・ヴォイスが入った1976年のヒット「今夜きめよう」を聴いても感じられる。このシングルは、ヒットチャートでもホットなヒットとなり、全米ナンバー・ワンを8週間も続けることになった。実際、二人は、1日3、4回は愛し合っていたということ、カラダの相性はピッタリだったと、ブリット・エクランドは自らの著書『True Britt』(Sphere Books)のなかで告白している。1977年2月、二人はロッドのツアー先のオーストラリアで、3回目のヴァレンタイン・デイを迎えた。でも4回目はなかった。原因は、ブロンド女優のスーザン・ジョージとリズ・トレッドウェルとの浮気だった。

さまざまな美女とのラブアフェアのなか、最初の結婚相手に選んだアラナ・ハミルトンに出会ったのは、1978年のことだった。俳優のジョージ・ハミルトンの元妻で、ハリウッドの社交界の人脈をもち、パーティ好きだった。そしてもちろん、ブロンドの髪と長い脚をもっていた。二人の仲が大きく進展したのは、1979年初めだった。アラナに妊娠が発覚したのをきっかけに結婚を決めた。同年4月6日、結婚。ロッド、34歳、アラナ、32歳だった。

「スイッチをカチっと入れたかのように、不信はすべてぬぐい去られ、不安もすべて晴れた」(『ロッド ロッド・スチュワート自伝』)

アラナとのあいだには、娘のキンバリーと息子のショーンが生まれた。

1987年3月に離婚。その後、24歳のスーパーモデル、アラナと同じテキサス生まれのケリー・エンバーグと交際。ルビーという女の子も生まれ、カリフォルニア、マリブの海沿いの邸宅で幸せな日々を送っていたものの、結婚に至らず、1990年に娘を連れて出ていってしまった。

「ケリーと俺とは、結婚する手前まで行っていたんだけれど、そこまで出来なかったんだ。少しでもプッシュしてもらう必要があった」(前掲書)

結婚への不安感もあり、結論を出せずにいたなかでのエンドマーク。それもそうだ。アラナ・ハミルトンとの離婚の慰謝料は700万ドル、約14億円かかったともいわれている。でもロッドは、新たな花嫁を迎えることにした。

1990年の終わり、12月15日、ビバリーヒルズのチャペルでの結婚式。250人のゲストに祝福され、1m近い高さのウエディング・ケーキに祝福されるなか、ロッドの横にいた花嫁は、レイチェル・ハンターだった。知り合って6週間もしないうちにヴァンクリーフ&アーペルの指輪を贈り婚約、二人は3カ月で結婚をした。結婚をするときは、そんなものなのかもしれない。あれこれ考え出すとなかなか決断ができないこともあるのだろう。

レイチェル・ハンターは、ニュージーランド出身。17歳からモデルを始め、フォード・モデル・エージェンシーと契約、1989年、アメリカのスポーツ専門誌『スポーツ・イラストレイテッド』の水着特集号のモデルとなり、世界的に注目されることになった。ロッドと結婚をしたとき、まだ21歳だった。二人には、結婚後まもなく、娘と息子が生まれた。ロッドは自伝でこの結婚を振り返りこう語っている。

「レイチェルと一緒にいた八年間、俺は完全に彼女一筋だった」

またこんな発言もある。「レイチェルこそ、俺が求めるすべてであり、俺は一夜にして、偉大な女たらしから献身的な夫になったんだよ」。乗馬が好きなレイチェルのため、ロッドも乗馬を始めたりもした。

1998年の終わりには、レイチェルはロッドのもとを去ることに決めていたという。今回は、ロッドの浮気が原因ではなかった。彼女は、20代のほとんどをロッド・スチュワートと過ごしてきたが、30代を前に幸せを感じられなくなったという。何か新しい道を探ろうとしていた。男と女の仲、なかなかうまくいかないものだ。ロック界のスーパースター、ロッド・スチュワートの妻でいることに、必ずしも幸せを感じられなくなっていた。レイチェルは、こう言っている。

「結婚をして子供が出来、20代は過ぎていってしまったの。失った時間を取り戻したいの」

レイチェルとの離婚が正式に決まったのは、2006年9月のことで、離婚には財産分与などの慰謝料などでそうとうな時間を費やしたことが想像される。その間いくつかのラブアフェアがあったが、長くは続かなかった。

夫婦揃って欠かさないスポーツトレーニング

ペニー・ランカスターと知り合うきっかけは、ロンドン、アールズコートのステージ写真を撮ることからだった。モデルで写真家。とはいっても、写真のほうはカレッジでまだ勉強中というところだった。1971年3月15日生まれ。ロッドとの歳の差は、26歳。身長はロッドより長身の185㎝で、ロッドの好きなホット・レッグスの持ち主だった。2005年11月には、息子のアラステア君が誕生。ただレイチェルとの離婚が決まらないため、二人が結婚式を挙げたのは、2007年6月。イタリアのリヴィエラにあるチャペルだった。2011年には、次男が誕生した。

彼女は、ロッドと出会って変わったという。

「スタイルがいいんだから、見せるべきじゃないかって言うの。これまでは地味目なドレスを着てきたのよ。でもロッドは、もっとセクシーに着ることに自信を与えてくれたの。彼って、パンツルックは嫌いなの。ショートで身体にぴったりしたドレスが好みなのよ」(『ROD STEWART』)

ペニーは、スタイルを維持するために、ロッドのパーソナル・トレーナーについて、サイクリング・マシーンやローイング・マシーン、エアロビなどを1時間ほどこなしている。もともと水泳をやっていたが、ロッドの影響でサッカーも始めたという。結婚をし、子供ができたからといって、女性たるもの、「美」を追求することを忘れちゃいけないというわけだ。

夫婦揃ってトレーニングするのはいい方法だろう。ロッド自身、健康の秘訣について、イギリスの新聞『デイリー・ミラー』にこんなことを語っている。

「毎日夜の7時以後に、グラスで数杯のワインを飲むことにしている。イタリアのワインが好きなんだ。それと紅茶だね。1975年、ロサンジェルスに引っ越したときに、もっともがっかりさせられたのが、お茶を飲む習慣がないことだった」

紅茶を1日にたっぷりと飲むというのが、若さを保つ大きな要素だという。そして、見た目、とくに顔には気を遣っているということで、フェイシャル・マッサージは欠かさないという。しかも自分で適当にやっているわけではない。プロのグルーミング・スタッフを付けているのは当然だが、フェイシャル・マッサージに関しては、アラナ・ハミルトンと結婚をしたころから続けている。またサイクリング、水泳、サッカーなどで、身体を動かしたあとには、氷風呂に入るという。

サッカーは、50歳以上を対象にしたリーグに属するフラムというチームでプレーをしている。

「六十七歳になったけど、四十五分間はまだ問題なくいけるんだ。いよいよとなったら、七十分はプレー出来るかもしれない」（『ロッド ロッド・スチュワート自伝』）

サッカーのフィールドでの体力は、気になるようだ。まだまだ若い連中には負けないよ、という気持ちもまたアンチエイジングに欠かせない。

「サッカー以外の部分では、年を重ねることは、それほど気にしていない。これまで一緒に仕事をしてきた人たちと比較してみると、自分でもそんなに悪くないって思うんだ。読者のみんな、カギは潤いだよ。たっぷりのオイル・オブ・オレイ【P&G社の化粧用オイル】さ。ただ、大部分が運なのは間違いない。運と遺伝子だね。兄のドンは八十歳になったけれど、いまだにサッカーの試合で審判をやっているよ。俺も体は動かしている。毎朝ジムやピッチで、熟練した個人トレーナーのガリー・オコナー相手にね。基本的には、俺を世界最高齢の現役ライトバックにさせることが、彼に課された使命なんだ。それに俺は毎日の習慣にも気をつけている。正しい食べ物を食べ、食事の際のワインは一、二杯だけにして、それ以上は口にしないんだ」

酒をあびるように飲んでいたロッド・スチュワートが、グラスワインを数杯にしたのには驚かされるが、健康面により気配りをするようになった大きな変化は、２０００年の出来事だった。ライブをこなし、サッカーをし、体力には自信があったというが、ロサンジェルスの病院で定期健診を受けたとき、甲状腺にがんが発見されたのだ。甲状腺ということから、歌声への影響も心配されたが、腫瘍は完全に取り除かれた。歳を重ねるごとに、身体を正しく対処させていくことこそ、アンチエイジングの基本であることは間違いない。

２０１５年１月、ロッド・スチュワートは70歳を迎えたが、10月には久々にニューアルバムを発表。まだまだ引退の２文字はなさそうだ。

オジー・オズボーン

Ozzy Osbourne

暗闇の王子、オジー流“健康増進”への道

1948年12月3日、イギリス、バーミンガム生まれ。本名、ジョン・マイケル・オズボーン。15歳で学校を中退。煉瓦職人、牛肉解体業、自動車工場などの仕事に就く。68年、ブラック・サバス結成。70年2月13日、イギリスでファーストアルバムをリリース。サバス脱退後、80年、ギターにランディ・ローズを迎えたアルバム『ブリザード・オブ・オズ』でソロ活動を開始。2002年、オズボーン一家のハチャメチャ生活ぶりを追ったMTVのリアリティ番組『オズボーンズ』は、MTV史上最高の視聴率を獲得した。16年5月、故郷のバーミンガムに、その名を冠した路面電車が走った。身長、178㎝。総資産額、1億3,500万ポンド、妻シャロンと夫婦で約212億円。

歩く薬局状態から、朝日を浴びる王子に変身

オジー・オズボーン……「プリンス・オブ・ダークネス」または「ゴッドファーザー・オブ・ヘヴィメタル」としても知られる。1970年、ブラック・サバスの一員としてのデビューから、すでに45年を超え、1996年からはロック・フェスティバル、オズフェストを世界的に展開しているロック界の重鎮である。

オジーは、音楽以外のところでも数々の数奇な伝説を残してきた。レコード会社との会議の席上、持参した鳩の頭をちぎったとか、ライブ中に、客席から投げられたコウモリの頭に噛みつき、そのまま病院行きになったこともある。テキサス独立戦争の歴史的建造物、アラモの砦《とりで》で立ち小便して逮捕され、テキサス州サンアントニオでの公演禁止処分を受けたこともあった。ドイツのレコード会社との食事会ではワインを入れるカラフにおしっこをして見せた。尋常ではない行動には、これまた尋常ではない酒や薬の摂取があった。なにしろ1980年代には、1日にコニャックのボトル、4本をあけたという。飲酒は、11歳のころからの習慣だ。薬は、鎮静剤に抗炎症薬、睡眠導入剤、モルヒネにコカイン、LSDなどなどを摂取、歩く薬局状態だったとオジー自身認めている。

だがいまは、酒もタバコもヤクもやめ、トレーナーを付けて身体を鍛え、ベジタリアンにもなったという。ついに暗闇の王子が、健康に気を配りだしたって⁉ マジなのか？ 妻でマネージャーのシャロン・オズボーンの著書、『EXTREME MY AUTOBIOGRAPHY』(TIME WARNER BOOKS) には、「普段は、オジーが最初に起きるのよ。いつも、いつものことよ」とオジーが早起きになったと書かれている。

暗闇の王子は、朝日を浴びる王子に変わったのか？ シャロンは、カリフォルニアのマリブの風景が好きで、長いあいだマリブでの家を探していたが、やっと2005年になり、希望していた大きなバスルームとクローゼットが多い家が見つかり購入。オジーは、海沿いの家から岸辺に打ち寄せる波の音を聴き、イルカやホエール・ウォッチングをすることもある。マリブの海岸を歩くオジーは、デトックスをし、スポーツクラブにも通っている。

ドクター・オージーに訊け！

かつては、ショッキングな話題を提供していたオジーだが、50代になるとその活躍は、新たな分野へと広がっていった。2002年、オズボーン一家総出演でプライベート映像を見せるというテレビのリアリティ番組『オズボーンズ』をMTVでスタート。これがMTV史上最高視聴率を獲得、オズボーン一家は好感度家族となり、オジー・オズボーンはへんなおじさんぶりでお茶の間の人気者になった。

60代になるとさらに新たな分野に進出、この仕事には最初オジー本人も驚いた。イギリスのメディアでも保守系とされる新聞『タイムズ』の日曜版コラムへの依頼だった。

「ロンドンの『サンデー・タイムス・マガジン』の人が私の家へやってきて、新たな『健康と恋愛』関連のコラムニストになる気はあるか、と尋ねてきたんだ」(『ドクター・オジーに訊け!』オジー・オズボーン/クリス・エアーズ著/迫田はつみ訳/シンコーミュージック・エンタテイメント)。

これに対してオジーの反応は、愛犬のヨークシャー・テリアめがけて飲みかけの紅茶を噴き出したという。でも冷静になると引き受けることにした。

「でも考えれば考えるほど、私には話に筋が通っているように思えたんだ。不思議な筋が

オジー一家を描いた「ORDINARY PEOPLE OZZY & SHARON OSBOURNE」(WITH TODD GOLD/Pocket Books)

ね。いかなる角度から見ても、私は医学上の奇跡だ。2、3週間なら大酒を飲んでバカ騒ぎをしても大して支障はないだろう。でも、私の場合はそれが40年も続いた訳でね」

もちろんそんなバカ騒ぎの生活が続いていたら、コラムの依頼はなかっただろうが、オジー自身、大きく変わっていた。コラムを単行本にした前出の『ドクター・オジーに訊け！』でこう書いている。

「年齢こそ62歳かもしれないが、今ほど若々しい気分になったのは、1960年代以来だ」

さらに、「前とは違う人間になったからね。タバコも吸わないいし、酒も飲まない。ハイにもならない。ランニング・マシンでエンドルフィンを感じることを除けば」とも。

オジー・オズボーンは、健康増進に励んでいた。そしてあらゆる不健康な生活を体験したオジーだからこそ、説得力あるアドバイスができるというわけだ。こうして、2010年から「ドクター・オジー」のコラムが始まった。

生きることに目覚めたオジーの若さの秘訣

具体的にどう変わったのか？　オジー自身、こう語っている。

かつては「人間下水道みたいな状態」で「私の息は臭いなんてものじゃなく、あまりの悪臭に私が何か言おうと口を開くたびに花は枯れ、空からは鳥が落ちてくる始末だよ」というオジーを大きく変えたのは、結婚。妻のシャロンの存在が大きい。暗闇の王子は、ペディキュアまでするようになった。

タバコの禁煙方法で、高級な医者にかかるほどの金はないが……？　という相談に対して、答えはこうだ。

「簡単なことさ。自分で決心すればいいんだ。止める、始める、また止める。〈中略〉私の気持を動かしたのは、私はシンガーだ、という事実だった。もしみんなを楽しませ続けたいのなら、止めなければならなかったんだ。そこである日、家へ戻るとタバコを全部火の中に放り込んでしまったのさ。以来喫煙はしていない。8年前のことだ。今では全く欲しくはないが、うずきを感じることはある。でも、そのまま無視することにしている。魔法をかけられている訳ではないんでね。1本火をつけたら、その日が終わるまでに一箱吸ってしまうだろうから」（前掲書）

かつてのヘヴィスモーカーからの経験談だ。

酒についても一刀両断。厳しいコメントを出している。

「アルコール依存症の人の最初の言い訳は、ビールは酒の内に入らない。というやつだ。

ウォッカやワイン、コニャック、スコッチ、ジンも同様……。残念ながら、アルコール依存症から脱却しようと考える時点で、総てが酒の中に入ることになるんだよ。だから、ビールも一滴も飲んでは駄目ということになる。ビール以外の酒もみな、悪魔との契約と同じこと」

ドラッグについてはというと……。

「路上で売買されているヘロインを使った場合、中には何が入っているか知れたもんじゃないんだよ。私は路上で売買されているヘロインを2度使ったことがあるが、どちらの時もむちゃくちゃ具合が悪くなった」と言われれば、手を出したくはないだろう。こんな助言もある。

「私にとって最も重要だったのは、自分のつきあう人々を変えることだったな。現在進行形のドラッグ依存症やアルコール依存症の人達とはつきあわないようにしたんだ。そうしてみてようやく、朝食代わりに

ハリウッドの名所、ウォーク・オブ・フェイム。6780 Hollywood Blvd. にオジーの星がある

ビールを1ケース飲んだり、コカインを摂取することが普通ではないことを理解するんだよ」

その答えが実体験に裏打ちされたものなので、なにしろ説得力があるのだ。健康のためにはお金もトレーナーもいらないウォーキングを勧める。

「家から離れたところで座って過ごすことが多いような仕事をしている人にちょっとしたアドヴァイスをするとすれば〝歩きに行け〟だね。最も優れたエクササイズの一つだし、金もかからない」

暗闇の王子は、生きるということに目覚めたのだ。いまは心身ともに絶好調、若さを取り戻しているという。その秘訣については、

「とにかく何かをして、ため込んだ欲求不満を発散するといい。私を見てごらん。私は62歳で、酒も飲まず、タバコも吸わず、グルーピーを追いかけ回すことも止めている。それでも毎晩、違う町で2時間半のロックン・ロール・ショウをやっているんだ。気分は21歳さ」

まだ遅くはない。あのオジーができてあなたにできないはずはない。オジー流アンチエイジング、参考にしていただきたい。

ジーン・シモンズ

Gene Simmons

成功への
メンタルタフネスのつくり方

1949年8月25日、イスラエル、ハイファ生まれ。出生名、ハイム・ヴィッツ。73年、ポール・スタンレーとともにキッス結成。キッスのベーシストで火吹き担当。74年、ファーストアルバム発売。レコード、CDの売り上げは全世界で1億枚を超える。バンドのグッズ類は、コンドームからピンボールマシンまで、3,000種類にも及ぶ。また個人でもファッションブランド、雑誌、レコード会社、俳優業など多彩なビジネスを展開している。身長、188㎝。総資産額、3億ドル、約330億円。
©Amanda Edwards/Getty Images

悲惨な幼少期時代

ジーン・シモンズの母親、フローレンスは、ナチス・ドイツの強制収容所にいた。収容所には祖母と曾祖母もいたが、ガス室に送られ亡くなったという。母親は美容学校で学んだスキルを生かして、司令官の妻に気に入られ、ガス室送りにはならなかった。ホロコーストを生き残ることができた母親は、同じハンガリー出身の男性と結婚、１９４９年、夫妻はユダヤ人国家として独立をしたイスラエルに落ち着くことになった。

この夫妻のもと、１９４９年8月25日、ハイム・ヴィッツは誕生した。この男の子がのちにキッスのベーシスト、火吹き男、ジーン・シモンズとして世界的なロック・スターとなることを誰が予想できただろうか？　家族は、７歳のときに父親が出ていったため、母子家庭となり、苦難に満ちた人生を送ることになった。家にはテレビもなく、バスルームにシャワールームもなかった。ジーン・シモンズの著書『ME, INC.』(DEY Street Books) によれば、母親が金属製のバスタブに水を入れ、それを太陽の下に置き、風呂にしていたという。それだけじゃない。

「トイレットペーパーもなかった。ぼろ切れを使い、洗って再利用していた」というのだ。

幼少期の生活は、あまりにも悲惨だった。

知識を得るための努力は惜しまない

ジーン・シモンズの人生が大きく変わったのは、8歳半のときだった。アメリカにいたジョーおじさんが航空券を送ってくれ、母親とともにアメリカに移住したのだった。ニューヨークで初体験をしたケチャップに感動、何にでもかけて食べていたというエピソードもある。たくさんの人びとと街を行きかうクルマ、高いビルの数々、おじさんの家にはテレビもあった。ニューヨークという刺激的な街で、ジーン・シモンズは、アメリカンドリームへの道を歩みはじめた。

夢見る少年時代だったわけじゃない。懸命に働く母親を見て、働いてお金を得ることを学んだ。新聞配達や木材店でバイトをする一方、図書館で本を読みあさり知識を増やした。12歳でジュニア・アチーブメントの支援を受けると、ビジネスについて具体的に学ぶ機会を得た。中学校時代に

実業家としても成功をしたジーン・シモンズが書いたビジネス書『ME,INC.』(DEY St)

は、女子が習うものとされていたタイピングと速記を率先して勉強、タイピングのスピードは誰にも負けない力をつけるほどになり、結果、卒業後、そのスキルはお金を生むことになった。10代から学び、経験することで、お金を生む方法を学んでいったのだった。

12歳のときに付けられた仇名《あだな》は「ケチ」。でも何と呼ばれようが、出費は徹底して抑えた。といっても家にこもり、お金を使わないような人間ではなかった。節約ではなく、無駄金は使わないことを徹底していた。ジーン・シモンズは、こう言っている。

「幸運を信じたことはないね。より努力することで、幸運も手に入るものだよ」

10代半ば、新聞配達のバイトをしながら、学校に通い、校内の合唱隊に入り、演劇部にも在籍、さらに校内新聞のスタッフをしながら、バンド活動も始めていた。いろいろな体験のなかからスキルを学ぶのだ。10代の若いころから、時間もお金も無駄にしないということで徹底していたのは、称賛に値する。よほど強い信念がないとできるものじゃない。

高校を卒業しカレッジに通っていたころも、タイピングを生かしたアルバイトをしながら、普通の学生が遊びに費やす夏休みも仕事を見つけ働いていた。休む暇なく、自分のスキルを磨くことと、収入を得ることに費やし続けていた。しかもクルマも買わずに、公共の交通機関を使うという徹底ぶりだった。

趣味もないのか、というとそうでもない。カレッジで入ったバンドは、週末ともなると、ビールパーティに出演、けっこうな収入を得ていた。趣味のバンドではなく、しっかりお金にしてしまうのも、ジーン・シモンズらしい。子供のころから蒐集《しゅうしゅう》をしていたアメリカン・コミックスは、あとになってかなりの価値を生み、リセールに出し、大きなお金を生むことになった。もちろんバンド、キッス結成時のコンセプトに役立つことになったのはいうまでもない。ジーン・シモンズには、努力に加えて、先を見る目があった。ポール・スタンレーとキッスを始めたとき、2万3,000ドルの蓄えがあったという。キッスが結成されたのが、1973年。当時の為替レートで、600万円を超える現金を持っていたことになる。

ポール・スタンレーとの最初のバンド、ウイキッド・レスターを経てキッスが活動を始めたころ、読んでいた雑誌は『ビルボード』『キャッシュボックス』『レコード・ワールド』といった音楽業界誌に、経済誌『フォーチュン』、さらに経済紙『ウォール・ストリート・ジャーナル』だったという。最初、マネージャーも弁護士もいない状況下で、音楽業界を知り、ビジネスを学ぶためだ。知識を得るための努力は惜しまない。

身体を張った世界的なロックバンド誕生秘話

キッスは、1973年1月30日、ニューヨーク、クイーンズ地区にある600人ほど入るライブハウス、コヴェントリーでライブ・デビュー。トレードマークの白塗りメークでメンバー全員が登場をしたのは、73年12月21日、同じコヴェントリーだった。ジーン・シモンズの火吹きのパフォーマンスは、この年の大晦日《みそか》に披露。だが、髪の右側を焦がした。さらに4カ月後の74年4月22日、カナダでのライブでも髪を焦がし、初期は失敗することもあったが、血を吐いて口のまわりを鮮血で染めるパフォーマンスは、74年2月17日のカリフォルニア、ロングビーチのライブで披露、身体を張った演出はさらに派手なものになっていった。

1974年2月、ファーストアルバムをリリース。デビューをして数年は、年間100回以上のライブを行ない、バンド名にちなんでカップルが何時間キッスをしていられるか？という長時間キッス・コンテストを全米各地で実施するなど派手に宣伝を繰り広げた。1977年には、アメリカのギャロップの調査で、キッスはもっとも人気のあるアーティストに選出された。キッスが世界的なロックバンドになっても、ロックにつきものの麻薬と酒には手を出さなかった。お金も時間も無駄にしないことでは徹底していた。

見事なマーケティング戦略

初来日をした1977年3月。日本公演にキッスは、アメリカから10人を超えるジャーナリストを同行させ、日本公演をレポートさせた。キッスのマーケティングを一つひとつ緻密《ちみつ》につくっていったのも、ジーン・シモンズのビジネスセンスだろう。ロック・ミュージックの世界が、巨大なビジネス化していくなかでのキッスの戦略は、スキがない。もちろんキャリアが長くなれば、いいときも悪いときもある。1970年代終わりには、ライブ活動を休止、ソロ活動。80年代には、ノーメイクの素顔になったりしたときもあったが、キッス帝国が滅びることはなかった。それは、2000年代のキッスの成功を見れば明らかだ。デビュー40周年の2014年にワールドツアーをスタート、2015年3月に来日公演、東京ドームのライブを成功させた。

いまやTシャツ、コミックスからフィギュア、ピンボールマシーンからコンピュータ・ゲームまで、キッス・ブランドのライセンス商品は、全世界で5，000アイテムにまで広がっている。ラスベガスには、キッス・インドア・ゴルフ・コースもある。日本のハロー・

キティとのコラボ商品を世界的に売り出したのも、見事なマーケティング戦略だろう。しかも、ライセンス商品を承認しているだけじゃない。『ME, INC.』のなかで、ロサンジェルスに倉庫を持つロン・バウトウェルという男性の存在を例に出している。彼と契約をし、中間業者を通すことなく、商品がファンのもとに届くようにしたという。ジーン・シモンズはこう語る。

「キッスは、ロックバンドがブランドとなることを思いついた先駆者だ」

キッスのこの戦略は、音楽を生み出すアーティスト自身が、どうお金にしていくかということで、大きなヒントになるだろう。

＊

ジーン・シモンズの著書『ME, INC.』では、人生で成功する方法について、具体的なアドバイスを載せている。

「やってはいけないこと」のリストに、「熟年になり安定するまでは、結婚をするな」とある。結婚は2番目。まずは成功するのが先だという。

もう1冊の著書『SEX MONEY KISS』（Simmons Books／New Millennium Press）のなかで、結婚についてこう言っている。

「愚かな男たちというのは、どんな場合でも結婚してしまうものだ」

そもそも結婚というのは、男女平等ではない、というのが理由のひとつだ。独身男性が結婚をしないで子供もつくらないでも、誰も気にしないが、もし独身女性が独身のまま子供もつくらないとなると、社会的にもプレッシャーを受けることになるんじゃないか？ そんな女性たちの婚活作戦の前に、男たちは、結婚を決めさせられることになる。結婚をして妻や子供たちを養い、そのあげくに離婚でもされ、財産の半分をもっていかれることになるぞ、と警告をする。

＊

「クルマは買うな」ともいう。経費を考えれば、できるだけ公共の交通機関を使うべきだという。もちろん若いときに女性をデートに誘うのに、クルマは必須アイテムかもしれない。ジーン・シモンズは、デートするならいっていいるわけじゃない。豪華に決めたいときには、リムジンをレンタルすれば効果的だ

KISS のベーシストとしてだけでなく、ブランド力ももたらした

と説く。キッスが成功したあともマイカーは持っていなかったという。

独身主義を貫いていたジーン・シモンズだが、2011年10月1日に長年交際をしていたシャノン・トウィードと結婚をした。シャノンは、1980年代に雑誌『プレイボーイ』のプレイメイト・オブ・ザ・マンス、プレイメイト・オブ・ザ・イヤーにまで選ばれたセクシーな美女だ。二人のあいだには子供も誕生したが、30年以上も同居はしても、戸籍上の結婚には至らなかった。62歳まで未婚。そしてプロポーズ。

「64歳でも君は僕を必要としているかい？」とやっと落ち着く決心をした。

＊

ロック界の伝説のひとつにジーン・シモンズが自分と関係のあった女性たちをポラロイドのSX70で撮影、その数は、30年で4，000枚を超えるともいうエピソードがある。この件については、以前本人にインタビューをした際にも確認をしたので間違いないが、キッス最盛期には、ルームサービスのように女性たちがホテルの部屋にやってきたという。そのなかで特定の恋人をつくる必要もなかった。恋人ともなれば、デートや贈り物、旅行やなにやらで、なにかとお金も費やすことになるのは目に見えていた。

「女には10セントも払ったことがないんだよ」というジーン・シモンズだったが、誕生日パーティには戦車で彼女を迎えに行き、大空に飛行機で誕生日メッセージを描き出すなど派手にお金をかけた相手がいた。それが20代最後にして、初めて本物の恋人だったというシェールだった。70年代前半、全米ナンバーワン・ヒットを3枚も放ったこの女性歌手に、無駄金は使わないドケチ主義のジーン・シモンズが、盛大に使った。このときは、すでにキッスで成功し、それなりの財力があったからこそ、できたのだろう。シェールと別れたあとには、さらに大物シンガーのダイアナ・ロスと交際をするなど、恋人はセレブ路線になった。財力ができれば話は別だ。ただお金もないのに、カッコつけてお金を使うことはないとジーン・シモンズ先生は教えている。

老い知らずとは身体を動かし、お金を生み、女性を愛し続けること

いま60代半ばになったジーン・シモンズは、キッスという栄光のブランドのもと、個人でも多角的な事業を展開している。レコード会社、テレビ制作会社、マーケティング会社、出版社、レストランチェーンのロック&ブルース（Rock & Brews）をメキシコ、ハワイ、カリフォルニアなどで展開、今後さらに広げる予定だ。全米最大の競馬法人グループ、ストロナック・グループと、Tシャツ、帽子などグッズのライセンス事業を提携、またアメフトの

アリーナ・フットボール・チーム、LAキッスのオーナーともなった。

「ビジネスを始めたら週末を含めて起きている時間はすべて、自分の事業に注ぐべきだ。短くても長くても休暇は取るな！」が信条だ。こうも言っている。

「毎週2日休みが取れる。すると52週間で、キャリアづくりのために、年間104日はあることになる。さらに2週間の休暇で14日間何もしないことになる。ほかにも宗教だの何だので、休むことになる。俺にしてみれば、すべて負け犬ってことだよ」

ジーン・シモンズは2009年に、ニューヨークの証券取引所で取引開始を告げる鐘を鳴らしていた。いまロック・ミュージックの世界は、巨大なビジネスとなっている。ジーン・シモンズの事業家としてのビジネスセンスは、これからのミュージシャンにとって学ぶべきことは多い。無駄を省き、自分に厳しく、休むことなく働けば、成功への道は開かれるだろう。たしかに頭を、身体を動かし、お金を生み、女性を愛し続ければ、老け込むこともなさそうだ。すべてに無駄を省く生き方、若者たちにも勧めたいが、どこまで実践できるだろうか？　あなたの日常に無駄がないかを見直してみよう。改めてジーン・シモンズという男の凄さがわかる。

Steven Tyler

スティーヴン・タイラー

人生は超高速エレベーター

1948年3月26日、アメリカ、ニューヨーク州マンハッタンに生まれる。出生名、スティーヴン・ヴィクター・タラリコ。エアロスミスのヴォーカリスト。72年、レコードデビュー。76年、「ウォーク・ディス・ウエイ」リリース、全米シングルチャート・トップテン入り。レコード、CDの売り上げは、1億5,000万枚。2011年、FOXテレビの『アメリカン・アイドル』で審査員を担当、その発言が話題を呼ぶ。身長、178㎝。総資産額、1億3,000万ドル、143億円。
©Kevin Mazur/Getty Images

本能のままに生きる、タイラー流アンチエイジング

エアロスミスのヒット曲に「エレヴェイター・ラヴ（Love In An Elevator）」という曲がある。１９８９年全米ヒットチャートのベスト5に入った代表作だ。スティーヴン・タイラーの人生を振り返れば、ラヴだけじゃない。「エレヴェイター・ライフ」という表現がピッタリする。まさに高層ビルのエレベーターのように上下した。

『スティーヴン・タイラー自伝』（スティーヴン・タイラー著／田中武人、岩木貴子、ラリー・フラムソン訳／ヤマハミュージックメディア）の冒頭に、こんな言葉が書かれている。

「人生は短い。規則は守るな、許しは速やかに、キスはゆっくりと、愛はマジメに、笑いは我慢するな、最後に微笑むことができればそれでいい」

だが人生は、短くはなかった。還暦を迎え、古希が近づいたいま、スティーヴン・タイラーは、音楽界の名士となっている。

２０１４年12月11日、スティーヴン・タイラーは、ノルウェーの首都オスロで行なわれたノーベル平和賞コンサートのステージに立っていた。エアロスミスではなく、ソロでの出演。ギターにボストン出身のバンド、エクストリームのヌーノ・ベッテンコートを率いて登

場すると、「ドリーム・オン」「モア・ザン・ワーズ」「リヴィング・オン・ジ・エッジ」を披露した。セックス・ドラッグス&ロックンロールを実践、一時は、ボストンのコカインをほとんど買い占めていたとまでいわれたバンドのヴォーカリストは、ノーベル平和賞の記念行事に呼ばれるまでの存在になったのだ。

だがその人生は、まだまだターボ全開、2015年には、カントリーミュージックの殿堂、ナッシュビルでレコーディング、カントリーミュージックへと進出をした。その飽くなきチャレンジ精神には、驚かされる。本能のまま生きてこそ、タイラー流のアンチエイジングなのだ。その人生を振り返ってみると、常識的な健康論とは無縁の世界。多少怪我《けが》をしようが、病院の世話になろうが、好きに生きることこそが、長生きの秘訣になっている。

2016年には、ソロアルバムをリリース

＊

ビートルズやローリング・ストーン

ズを筆頭とするブリティッシュ・ビート・バンドが世界的に進出したのが１９６４年、スティーヴン・タイラーは16歳だった。６０年代は、音楽界だけではなく、世界が大きく変わった時代。あのとき、多感な青春時代を過ごした人たちは、きっと覚えているはずだ。経済は右肩上がりで、自由を謳歌《おうか》、キラキラ輝く明日に向かっていた。６０年代を称して、英語でスウィンギン・シックスティーズという言葉がある。音楽が、ファッションが、カルチャーが大きく変わっていった。

自伝のなかで、当時のことをこう回想している。

「俺は、いきなりスティーヴン・タイラーになったわけじゃない。彼は、俺が少しずつ作り上げたキャラクターだ。ニューヨーク中のクラブで演奏し、アシッド（ＬＳＤ）をやり、グリニッチビレッジをぶらつき、トリップし、セントラル・パークでヒッピーの集会に出席する……そんな過程で生まれ、成長していった。こうしたもの全部が、俺のルーツだ。だが、何といっても一番影響を受けたのは、64年、65年、66年に聴いた音楽だ」

具体的には、ヤードバーズ、ローリング・ストーンズ、プリティ・シングス、そしてビートルズを挙げている。ビートルズのニューヨーク、シェイ・スタジアム公演も見に行ったという。

そしてスティーヴン・タイラーは、ロックスターになるべく走りだした。マリファナの喫煙などで高校を退学になり、スクール・フォー・ヤング・プロフェッショナルズという芸能関係の学校に進んだ。思春期から大人へ、ドラッグのほうはマリファナからLSDへと進んでいった。

「俺は幻覚を見るのが大好きだった。LSDによるトランスの、あの振動。分子が体内を踊りながら駆け巡り、両手から火花が飛び散る。意識の変容？　そんなもんじゃないぜ！　クスリの幻覚は、シラフじゃいけないところに連れていってくれるんだ」（前掲書）

いくつかのバンドを経てエアロスミスを結成したのが、1970年。1972年には、12万5，000ドルでコロムビア・レコードと契約成立。73年にファースト・アルバムをリリースしてメジャーデビュー。アルバムからのシングル「ドリーム・オン」は、その年の終わり、全米シングルチャートの59位まで上がった。75年、『闇夜のヘヴィ・ロック』（Toys In The Attic）が全米アルバム・チャートの11位まで上がるヒット作となり、アルバムからは、ロック史に残る「ウォーク・ディス・ウェイ」という名曲が生まれ、さらにバンドの勢いを示すように、「ドリーム・オン」が再びヒットチャートを駆け上がり、76年4月に6位まで上昇、バンドを代表するヒット作になった。70年代、エアロスミスは確実に大きくなり、76年のロックス・ツアー、5月8日のミシガン州ポンティアックのシルバードーム公演では、8万人を超える観衆を集めるまでになった。

その後の成功物語は、よく知られているだろう。1998年には、映画『アルマゲドン』の主題歌となった「ミス・ア・シング」が、全米シングルチャートでナンバーワンを記録。2013年には、オリジナル・メンバーでデビュー40周年を迎え、四つのグラミー賞、六つのアメリカン・ミュージック・アワード、四つのビルボード・ミュージック・アワードを受賞するなど、アメリカン・ロックに輝かしいキャリアを残している。と書くと、順風満帆のように見えるが、21世紀に到達するまでには、いくつもの危機があった。

毎日が暴走列車の成功と脱線

1977年の『ドロー・ザ・ライン』のアルバムに、半年の時間と50万ドルが費やされたというのは、有名な話だ。アルバムは、元修道院だった大邸宅に録音機材を持ち込み行なわれた。と聞くと、レコーディングにいい環境づくりをし、じっくり曲づくりをしたんだろう、と普通は推測するが、エアロスミスが普通であることはあり得ないことだった。持ち込んだのは、機材だけじゃなかった。バンドのミキシング・エンジニアだったラビットことディック・ハンセンはこう語っている。

「連中は最低でも二十丁の銃と、車と、バイクを持ち込み、ボディガードも2人連れてきた。しょっちゅう射撃の練習をやってたな。たいていは、だだっぴろい屋根裏部屋に射撃場をセッティングして、最初の火ぶたを切る。シンバルをショットガンでバラバラにするのもお気に入りだった」(『ロック豪快伝説』大森庸雄著/文藝春秋)

射撃は気分転換だったというが、やることなすことすべてが尋常じゃないのが、このころのエアロスミスだ。射撃練習にも多大な時間が費やされ、レコーディングは多大なる金額が費やされることになった。

エアロスミスのライブに欠かせない曲に、「トレイン・ケプト・ア・ローリン」という曲がある。なかで〝オール・ナイト・ロング~ひと晩中〟と歌っているが、70年代のエアロは、ひと晩中どころか、毎日が暴走列車だった。暴走を始めれば、脱線し事故も起こる。

1979年になると、スティーヴン・タイラーと

ロックスターの豪快かつオバカなエピソードが語られる『ロック豪快伝説』

ジョー・ペリーの関係は、次第に険悪になっていった。もめごとが多くなり、決定的な亀裂が入るとジョー・ペリーは脱退。自らのバンド、ジョー・ペリー・プロジェクトを結成したのだ。さらに81年には、もう一人のギタリスト、ブラッド・ウイットフォードも脱退した。エアロスミスは、代わるメンバーを補強したが、バンドが崩壊したのは間違いなかった。

新メンバーによるアルバム『美獣乱舞』からは、シングルヒットは生まれなかった。乱舞していたのは、ロックンロールよりドラッグだった。

「名声は人を狂わせる。ドラッグもそうさ。俺には、勝手知ったる世界だよ。16の頃から始めて、四六時中ラリってた」(『スティーヴン・タイラー自伝』)

ドラッグは、コカインからヘロインへ、よりヘビーなブツへ。量も増え続ける一方で、金銭面は減り続けていった。

「1983年の頃には、俺はすっからかんになっていて、描ける未来と言えばさらにどつぼにはまることくらいだった」(前掲書)

ここまで追いつめられると、転げ落ちていくのが普通だが、スティーヴン・タイラーもエアロスミスも、不死鳥のように生き返るのがスゴイところだ。

唯一無二のレジェンド

逆境に追いつめられると、火事場の馬鹿力を発揮できるのが、男スティーヴン・タイラーなのだ。１９８４年、ジョーとブラッドとの関係を修復、エアロスミスはオリジナル・メンバーで再始動。ゲフィン・レコードとの大型契約もまとまり、再びヒットを出しはじめ、息を吹き返した。８６年には、ラップ・グループのランＤＭＣが「ウォーク・ディス・ウエイ」をカヴァーし、大ヒットとなりエアロスミスに光明をもたらすことになった。

１９８７年のアルバム『パーマネント・ヴァケイション』は、全米のアルバム・チャートで11位まで上がる久々の大ヒットとなり、１５０回ものライブを行なった。２度目の来日公演が実現したのがこのツアーだ。またこの「パーマネント・ヴァケイション・ツアー」は、酒もドラッグもやらないクリーンなツアーだったというエピソードがあるが、当たり前のような話も、当たり前じゃないのが、エアロスミスというバンドなのだ。

スティーヴン・タイラーも中年になると、副鼻腔炎や背中の痛み、腰痛など身体の不調に悩まされることも多くなった。２００６年には、Ｃ型肝炎の治療のためボストンの病院に入院。治療は1年続き、エアロスミスは、活動休止を余儀なくされた。

2009年夏の北米ツアーの途中、8月5日にはサウス・ダコタ州ラピッド・シティでのライブで、「エレヴェイター・ラヴ」を演奏中にスティーヴン・タイラーがステージから転落、病院に運ばれるという事故が起きた。アウトドアのステージで雨にも濡れて滑りやすかったともいわれているが、スティーヴン・タイラーは、頭、首、肩を怪我、とくに頭は20針ほど縫うことになった。とはいってもエアロスミス・トレインが止まることはなかった。スティーヴン・タイラーの凄いところは、どんな苦境に立とうと、復活することだ。その復活ぶりは、2011年の東京ドーム2デイズをはじめとする来日公演を見た人なら、そのほとばしるエネルギーに感銘を受けたはずだ。

この2011年という年は、ワールド・ツアーもあったが、スティーヴン・タイラー個人の人生を大きく変えた年だった。

同年5月、スティーヴン・タイラーは、アメリカの二つの雑誌の表紙を飾った。ひとつは、ロック・ファンにもお馴染みの音楽カルチャー雑誌『ローリング・ストーン』、もうひとつは、発行部数約375万部のセレブ系週刊誌『ピープル』だ。『ローリング・ストーン』の表紙には、「スティーヴン・タイラー、ワルガキからアメリカの恋人へ」と書かれている。

2011年のスティーヴン・タイラーは、ロック界のレジェンドであることはいうまでもないが、63歳にしてお茶の間の人気者になってしまった。

　きっかけは、アメリカFOXテレビの人気オーディション番組「アメリカン・アイドル」の審査員になったことからだった。番組は2011年、プロデューサーとしても著名なランディ・ジャクソン一人を残して審査員を大きく変更、新しい審査員にはジェニファー・ロペスとエアロスミスのスティーヴン・タイラーという顔ぶれで新シーズンがスタートし、この異色の組み合わせが、大ヒット。とくに放送禁止用語も飛び出すスティーヴンのちょっと危ないユニークな発言は、毎週、放送後に、また翌日の学校や職場でも話題になった。自伝を出したのもこの年だった。

　セックス・ドラッグス&ロックンロールな人生、その初体験は、双子を相手に7歳のときだったという。エアロスミス結成から45年。いまなお活躍のフィールドは広がっている。本能のままに生きるタイラー流アンチエイジング。すべてが、ほどほどとはかけ離れ、誰にでもお勧めできるわけではないが、だからこそ、唯一無二のレジェンドなのだ。

ビリー・ジョエル

Billy Joel

ピアノマンの
心を癒した女性たち

1949年5月9日、アメリカ、ニューヨーク市、ブロンクス生まれ。出生名、ウイリアム・マーティン・ジョエル。3歳のころ、ピアノでモーツァルトを弾いていた。ピアノを続ける一方で、10代の一時期、ボクシングに挑戦、24試合で22勝を挙げる活躍をしたが、24試合目で鼻を怪我し、ボクシングをやめる。64年2月、初めてのバンド、ジ・エコーズに加入。ロマンティックな一面は、読書家の祖父からの影響が大きいといわれる。身長、166㎝。総資産額、1億8,000万ドル、約198億円。

©Myrna Suarez/Getty Images

偉大なことの起源には女性がいる

2015年7月4日、ビリー・ジョエルはニューヨーク・ロングアイランドの自宅で、家族と親しい友人たちを集めて結婚式を挙げた。花嫁は、アレクシス・ロデリック、33歳。ここ5年ほど恋人だった女性で、モルガン・スタンレーのフィナンシャル・アドバイザーをしていたというキャリアウーマン。これまでなにかと財政面でトラブルを抱えることがあったビリー・ジョエルとしては、これでひと安心だろう。しかも花嫁は、妊娠中でできちゃった婚なのだ。アレクシスは、8月12日午前2時40分に女の子を出産し、デラ・ローズと名づけられた。

66歳で4度目の妻を迎え、子供も誕生した。これには、世の中の還暦をすぎた男たちを大いに力づけたに違いない。結婚式を挙げる数日前、7月1日にはニューヨーク・マディソン・スクエア・ガーデンで65回目のライブを行ない、エルトン・ジョンの記録、64回を破る新記録をつくった。公私ともにまだまだ元気だ！

フランスの詩人、ラ・マルチーヌはこんな言葉を残している。

「およそ偉大なことの起源には、だれか女性がいる」

ビリー・ジョエルの人生にも、いつも女性がいた。

恋の刺激でヒットの連続

1983年のアルバム『イノセントマン』、2005年リリースの日本盤では、日本のファンに寄せたというビリー自身が書いたライナーノーツにこんなことが書かれている。

「突然、たくさんの女性たちにかこまれてしまった。まるで繭から出て蝶になったような気分で、一時に15人もの女性と恋に落ちた。普通、僕は一音ごとにもだえ苦しむ。ところが今回は、曲がそれ自身の生命をもっているかのように、次々とわき上がってきた……」(翻訳・鈴木道子)

82年から83年、私生活で大きな変化があった年だ。1982年になると、最初の妻、エリザベスと別居。7月には離婚。ビリーのマネージャーとなり、ビジネス面を支え、〝シーズ・オールウェイズ・ア・ウーマン〟と歌われた女性だが、仕事が忙しくなる

全米ナンバーワンヒット「あの娘にアタック」をはじめ、6枚のヒットを生んだアルバム『AN INNOCENT MAN』

と、「オールウェイズ」な存在ではなくなっていき、9年間続いた結婚生活にピリオドを打った。

ビリー・ジョエルは、久々に独身生活をエンジョイすることとなり、前記のライナーノーツのような状態になった。そのなかには、エル・マクファーソンやクリスティ・ブリンクリーといった美女たちがいた。「今宵はフォーエバー」「そして今は…」といった曲は、オーストラリア出身のファッションモデル、エル・マクファーソンについて書かれた曲だという。

1985年3月には、スーパーモデルのクリスティ・ブリンクリーと2度目の結婚。12月には、娘のアレクサ・レイ・ジョエルが誕生した。

「あの娘に会って、会話が楽しくてね。とても知的で、朝の四時までだって話していられるんだ」（『ビリー・ジョエル・ストーリー』ビル・スミス著／ソリアーノ・タナカ訳／扶桑社）またこんな発言もある。

「三十代でも恋に落ちてしまえば、誰だって十六歳の時と同じように、夢中になれることが分かったんだ」

このクリスティ・ブリンクリーとの恋が、大きな刺激となり、傑作「イノセントマン」は生まれた。ビリー・ジョエルのアルバムのなかでも恋の喜びに溢れた作品だ。アルバムからは「あの娘にアタック」が全米シングルチャート・ナンバーワン、「アップタウン・ガール」が全米ベスト・スリーをはじめ、6枚のシングルヒットが生まれることとなった。
「このアルバムのキャラクターは、恋愛中でウキウキの、心優しい男さ、彼は、恋愛の過程で経験するデートや楽しいひと時、スローなダンスをエンジョイしつつも、恋愛につきまとう不安も感じているんだ」(前掲書)
そんなクリスティ・ブリンクリーとの結婚も10年もたずに94年8月25日、離婚をすることになった。アーティストとして、世界的な成功を収めるとともに、ツアーも多くなり、二人で過ごす時間は、少なくなっていった。さらにそれぞれの浮気話の噂も飛び交うようになり、亀裂を修復することはできなかった。

エルトン・ジョンとの出会い、そして孤独の病に

一方で1994年、ビリー・ジョエルの人生に、新たなパートナーが登場する。大西洋をはさんだピアノ・マン、エルトン・ジョンとの「フェイス・トゥ・フェイス」のツアーがスタートする。94年7月、フィラデルフィアからスタートしたこの2大アーティストのジョイント・ツアーは、記録的な成功を収め、98年には、東京ドームでの公演も実現させた。

私生活では、その後何人かの女性との噂が出てくるが、結婚まで至ることはなく、落ち着かない私生活は飲酒に頼ることになり、2000年ごろには、レストランやバーで、大量のお酒をあびるように飲む姿が見られるようになった。そして2002年3月15日、こんな事件が起きた。

ニューヨーク、マディソン・スクエア・ガーデンのライブでの開演前、かなりの量の酒を飲み、地元ニューヨークのファンを前に歌詞を忘れ、支離滅裂なMCを続けたという。翌日からのツアーは延期されることになった。「フェイス・トゥ・フェイス」のツアーは、その後もビリーの飲酒が原因で、ライブがキャンセルされたり、変更されることになった。

2011年、エルトン・ジョンは、雑誌『ローリング・ストーン』とのインタビューのなかで、親友ビリー・ジョエルのアルコール依存症に言及、リハビリ施設に入り断酒しなければダメになるよ、と苦言を呈したのだった。この発言で二人の関係は悪化、フェイス・トゥ・フェイス」のツアーは、以後行なわれることはなかった。

1994年に開始され、大成功をしたエルトン・ジョンとの「face 2 face」のツアーポスター

アルコール依存症は、孤独の病《やまい》ともいわれている。寂しさを紛らわす手段であり、飲酒量が次第に増えてのめり込んでいく。アメリカにはアルコール、薬物依存の治療施設が整っている。なかでも著名人が利用することで知られるのが、ベティ・フォード・センターだ。ジェラルド・フォード元アメリカ大統領夫人、ベティ・フォードがカリフォルニア州ランチョ・ミラージュに設立をしたアルコール、薬物依存症の治療施設で、施設内にはプールやトレーニング・センターもあり、回復のためのさまざまなサポートを提供している。

ビリー・ジョエルは2005年、このベティ・フォード・センターで約1カ月を過ごした。30日間の治療にかかる費用は、その内容により3万ドルから10万ドルはするようだ。

「オネスティ」「素顔のままで」「ピアノ・マン」……ビリー・ジョエルには、人の琴線にふれる名曲がいくつもある。その心は、繊細でガラスのように壊れやすい一面をもっているのだろう。それをサポートするのは、一番近くにいる女性の存在であり、人生のエネルギーになっている。

エネルギーの根源は女性の存在

ビリー・ジョエルの両親は、4歳になったばかりの息子がモーツァルトの作品に大きな興味を示すことに気づき、近所でピアノのレッスンを受けさせることにした。学校が終わると、週一度クラシック・ピアノのレッスンに通うようになった。

その才能は見事に花開き、全世界で1億5，000万枚を売るスーパースターになっても苦悩はする。1978年の代表作、「ストレンジャー」。ビリー・ジョエルの口笛も印象的だが、「僕らはみな、永遠に隠そうとする顔を持っている」と歌い出すその歌詞は興味深い。

「僕らは、たくさんの秘密を分かち合っているけれど、お互い口にしないこともある」

そう人は、仲のよい友人にも、恋人にも、家族にも見せることのない顔をもっているという内容だ。ビリー・ジョエルの仮面に隠された素顔。スーパースターならではのプレッシャーは、並大抵のものではないのだろう。苦しいこと、辛いこともある。それを癒《いや》してくれ、エネルギーを与えてくれるのが、女性の存在だ。

クリスティとの離婚から、次に結婚を考えることになる相手が出てくるまで、10年の年月が流れた。55歳になったビリー・ジョエルの心を捉えたのは、22歳のケイティ・リー。オハイオのマイアミ大学を卒業したばかりの女性だった。

「二人の関係がうまく行っている理由の一つは、多くの点で、彼女が俺よりもずっと大人だからだよ」（『ビリー・ジョエル・ストーリー』）と語っている。出会いは、ニューヨーク州ロングアイランドの東端に近いリゾート地、サッグハーバー。アメリカの小説家、『エデンの東』『怒りの葡萄《ぶどう》』の作者、ジョン・スタインベックも住んでいたところだ。料理好きなケイティは夏のあいだ、サッグハーバーのシーフードレストランで働いていた。評判を聞いたビリー・ジョエルは、ディナーで訪れ、そこで働くケイティに魅かれ、二人はサッグハーバーのビリーの家で住みはじめた。

２００４年10月２日、２５０名近い招待客に見守られ、二人は結婚式を挙げた。30歳を超える歳の差婚だったが、そんなビリーは、ケイティをモデルに「オール・マイ・ライフ」という曲を書いているが、この結婚も２００９年に終止符が打たれた。

「俺の人生で一番幸せな時は、恋愛関係がうまく行っている時さ。つまり、誰かに恋をし、その相手からも愛されている時だよ。恋している状態が、俺の人生で一番大切なことさ」（前掲書）

２０１５年、４度目の結婚と娘の誕生で幸せ気分になったのか、エルトンとの関係修復を宣言、７月のニューヨーク、マディソン・スクエア・ガーデンでは、エルトン・ジョンのヒット曲「グッバイ・イエロー・ブリック・ロード」を披露した。再び「フェイス・トゥ・フェイス」のツアーが観られる日がくるかもしれない。末永くお幸せに。

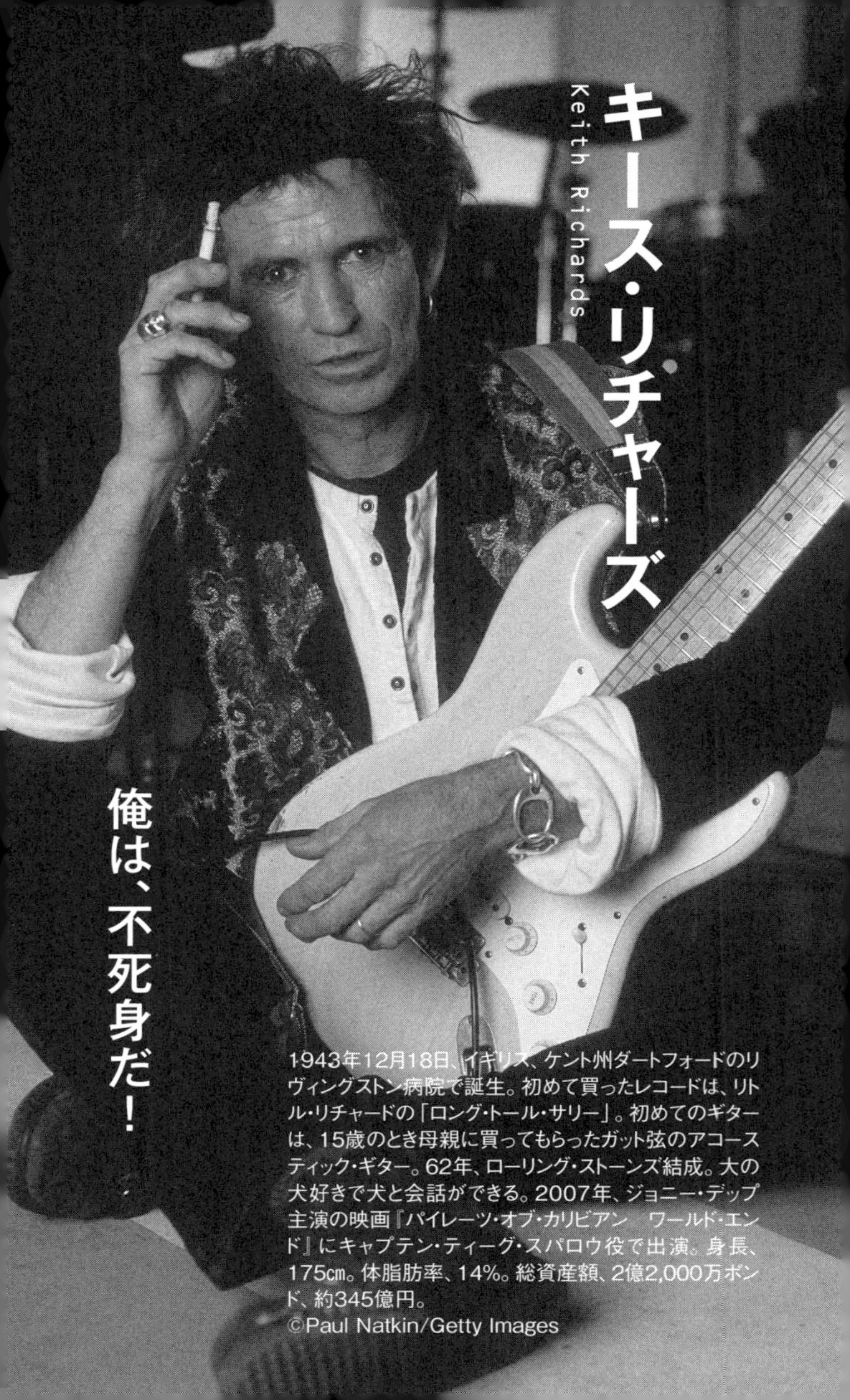

キース・リチャーズ

Keith Richards

俺は、不死身だ！

1943年12月18日、イギリス、ケント州ダートフォードのリヴィングストン病院で誕生。初めて買ったレコードは、リトル・リチャードの「ロング・トール・サリー」。初めてのギターは、15歳のとき母親に買ってもらったガット弦のアコースティック・ギター。62年、ローリング・ストーンズ結成。大の犬好きで犬と会話ができる。2007年、ジョニー・デップ主演の映画『パイレーツ・オブ・カリビアン　ワールド・エンド』にキャプテン・ティーグ・スパロウ役で出演。身長、175㎝。体脂肪率、14%。総資産額、2億2,000万ポンド、約345億円。

1970年代、ローリング・ストーンズのキース・リチャーズといえば、もっとも死に近いロック・ミュージシャンの筆頭に挙げられていた。だが現実は、72歳となったいまも、元気にライブにレコーディングにと活動を続けている。まさにロック界の奇跡だ。その長いキャリアのなか、死の淵に直面したことは少なくない。

不死身な出来事①

キース・リチャーズは1943年12月18日、この世に誕生した。第2次世界大戦中で、イギリスは、ドイツ軍の激しい空爆を受けていた。

「うちの通りの近くにV-1飛行爆弾、別名ぶんぶん爆弾が落ちてきて、ドリスの話によれば、爆弾は縁石にそって落ちていって、両隣はみんな命を落としたらしい。俺の簡易ベッドにも煉瓦がひとつ、ふたつ突きささった。ヒトラーが俺を狙っていた証拠だな」(『ライフ』キース・リチャーズ著/棚橋志行訳/楓書店)

こうしてキース・リチャーズは、幸運にも空爆を逃れた。ドリスとは、母親の名前だ。

不死身な出来事②

1965年12月3日、キース・リチャーズは死の淵にいた。場所は、サクラメントのメモリアル・オーディトリアム。5,000人の聴衆を前に、「ザ・ラスト・タイム」を演奏していたときだ。青い閃光《せんこう》が光り、キースはステージに倒れ込んだ。コンサートのプロモーターは、銃で撃たれたと思ったという。じつはキースのギターに大量の電気が流れたことによる電気ショックで気絶したのだった。ステージに幕が下ろされ、コンサートが終了したことが伝えられた。診断をした医師は、「目覚めるか、そうならないか、どちらもあるだろう」と語ったという。

翌日予定されていたサン・ホセ公演までにキースの体調は回復、コンサートは予定どおり行なわれた。キースを救ったのは、ハッシュパピーのスエード・ブーツのゴム底だった。感電発生時にゴム靴は、電流を地面に抜けさせないために有効とされている。

不死身な出来事③

1969年、レコーディング中の出来事。オリ

ビガーバン・ツアーを追い特集をしたイギリスの雑誌『UNCUT』2007年7月号

ンピック・スタジオから帰宅する途中、運転をしていたメルセデス・ベンツが転倒したのだ。クルマには妊娠7カ月のアニタ・パレンバーグが同乗していた。原因はクルマの油圧系の故障で、ブレーキとハンドルが利かなくなり、転倒したのだった。だが頑丈《がんじょう》なボディに助けられた。

そのとき幽体離脱した体験を自伝『ライフ』のなかで告白している。

「体は車内に残っていた。ところが、俺は自分の姿を十五フィート上から見ていた。嘘じゃない、魂《ソウル》は体を離脱できるんだ。あれからいろいろ試してみたが、現実に起こったのはこの一回きりだ。車がゆっくり三回転がるところを、至極冷静に見ていた。何の感情も介在しない。お前はすでに死んでいる。あきらめろ。いや、しかし、そのいっぽうで、車の裏面に気がついた。リベットで留めた筋交いが使われた頑丈そうな代物だってことに。すべてがスローモーションに見えた。長い時間ずっと息を止めている。なかにはアニタがいる。頭のどこかで、アニタも上からながめているのだろうかと考えていた。自分よりアニタのことが心配だ。俺はすでに昇天しているんだから。しかし、三回転したあと、車はゴムのついた側面を下にあの生垣へ突っ込んだ。次の瞬間、俺はハンドルの前に戻っていた」

キースは、この世にもどり、アニタは鎖骨を折ったが、お腹の子供は無事だった。2カ月後に出産、生まれた子供はマーロンと名づけられた。

不死身な出来事④

1971年、ローリング・ストーンズはバンドの財政状況を好転させるため、超高率の税金が課せられていたイギリスを離れ、フランスに移り住むことにした。キース・リチャーズは、ネルコットと呼ばれるフランスの古城を週、2,400ドルで借りることにした。南仏のヴィルフランシュ湾を見下ろす高台に建つ白亜の宮殿だ。広大な庭園と高価なアンティークの家具が各部屋に置かれた豪華絢爛《けんらん》な邸宅で、プライベートの桟橋まであった。

ここの地下室に録音機材を持ち込み、『メイン・ストリートのならず者』をレコーディングしたが、1973年には、ネルコットのパーティでドラッグを使用した罪で告発され、キースは2年間、フランスへの入国禁止となり出ていくことになった。

キースと恋人アニタ・パレンバーグのドラッグ使用は、ここでさらにエスカレートしていくなかで、火事が起きた。原因はベッドでの煙草で、眠っていた二人はあわてて逃げ出し、一命を取りとめた。火遊びは危険だ。

不死身な出来事⑤

1973年7月31日、レッドランズにある自宅が火事になった。自伝『ライフ』によると、「ネズミが電気配線をかじって、絶縁体が剥《は》がれちまったんだな」と書かれているが、どうなのだろう？

火のまわりは速く、屋根から煙が立ちのぼり、火に包まれた。そのなかで家から、ダイニングで使っていた600年はたつという大きなテーブル、チャールズ二世使用の椅子などの高価なアンティークと、大切な写真などを持ちだし、ガレージにあるフェラーリを安全な場所まで移動したという。キース・リチャーズは、損害保険の書類にそう書き込むと、家を建てなおすように依頼した。

不死身な出来事⑥

キース・リチャーズの、というよりロックの歴史に残る事件が、体内の血液交換だろう。

1973年、ストーンズはヨーロッパ・ツアーを前に問題を抱えていた。キース・リチャーズの身体が長いツアーにもたないんじゃないかという心配だ。ツアーの途中で薬物の禁断症状が出たらどうするのか？ ツアーの予定から、リハビリするほどの時間はなかった。そこで、血液交換をすることになったというのだった。

このドラッグ伝説については、自伝『ライフ』では、「俺は血液を入れ替えたことなんていちどもないぜ！」とはっきりと否定している。薬物浄化《クリーンアップ》をしにスイスに行くことになり、飛行機を乗り換えるためにヒースロー空港で記者に声をかけられたことから、話が大きくなったという。

「マスコミが追っかけてきて『ちょっと、キース！ それで』と呼びかけてくる。それで『おい、静かにしろ。俺はこれから血を入れ替えにいくんだからな』って言ってやったんだ」

血液交換については、イギリスの雑誌『Q』（2007年1月号）にロンドン、セント・バーツ病院の血液学の教授、フィンバー・コター氏の談話が載っているが、教授は、全身の血液交換についてはあり得ない話として否定、血液を入れ替えたのではなく、洗浄したのだろう、と語っている。

血液交換まではいかなかったかもしれないが、そのスイスのクリニックは、特別な場所だったようで、1975年の全米ツアーの前にもお世話になっている。アメリカへの入国ビザを取得するためには、血液を浄化する必要があったわけだ。

麻薬の禁断症状の恐怖について、自伝『ライフ』のなかでキース自身、こうコメントしている。

「麻薬断ちの経験がないやつには想像がつかないだろう。あんな恐ろしいものはないぜ。さすがに塹壕で片脚吹っ飛ばされるよりはましだと思うけれどな。餓死するよりはいい。しかし、あそこまでいっちゃ絶対にだめだ。三日のあいだ全身の内と外が裏っ返しになるくらいの苦しみなんだ」

もうひとつ、キース・リチャーズのドラッグ伝説でもっとも死の瀬戸際に立ったエピソードがある。イギリスの音楽紙、『ニューミュージカルエクスプレス』のインタビューで明らかにしたもので、これもスイスでの事件だったという。

そのとき、キースは昏睡状態になり、周りで「死んでるぞ!」という声が聞こえたという。原因は、誰かがドラッグに猛毒のストリキニーネを入れたことだという。周りの人間を信じられなくなったというが、そりゃそうだ。でもこのときもキース・リチャーズは、死に至ることはなかった。

不死身な出来事⑦

1998年、自宅の書棚から本を取ろうとしたとき、大怪我をすることになった。じつはキース・リチャーズ、かなりの読書家なのだ。とくに好きなのは歴史書だそうだが、家には天井まであるダークウッドの書棚がある。

その日、レオナルド・ダ・ヴィンチの書いた解剖の本を探していたときだ。本は書棚の上のほうにあり、梯子《はしご》をかけないと取れない。書棚を支えているのは小さなピンで、書棚に手を触れたとき、止めてあるピンが外れてなだれにあったように大量の本が落下、キースは梯子から落ち、机に顔をぶつけて、一瞬気を失った。診断の結果、肋骨3本が折れていて、静養を余儀なくされ、98年のヨーロッパ・ツアーは、1カ月ほど延期されることになった。

不死身な出来事⑧

2006年といえば、3月から4月に日本公演を行なった年だが、オーストラリア、ニュージーランドをまわったあと、ローリング・ストーンズは休暇に入った。

キースは、ロン・ウッドとともに南太平洋のフィジーで休暇を過ごしていたが、その南国の島で、悪夢は起きた。木から転落したのだ。最初、大きなヤシの木ともいわれていたが、実際は小さな木だったという。ひと泳ぎしたあと、木の上に腰かけていて、降りるために木の枝をつかもうとして、転落したのだった。手が砂まみれで濡れていたことも一因だった。その後しばらく様子を見ていたが、2日後に強烈な頭痛に襲われ、症状が回復しないため、4月29日に3時間半をかけ、空路ニュージーランドのオークランドの病院へ運ばれ、手術を受けることになった。頭蓋《ずがい》内出血があり生死を分ける重傷だった。自伝『ライフ』には、こう書かれている。

「最初の刺激で頭蓋骨にひびが入っていて、下手するとそのまま何カ月も気がつかずにぽっくり逝ってたかもしれないんだからな。頭蓋骨の下で出血が続いていたかもしれないんだ」

手術は、頭蓋骨を開き、血栓を吸い出し、チタンのピンで骨をつなぐという大手術だった。

復帰まで半年はかかるともいわれたが、実際は1カ月少しで、ステージに戻れるまでに回復したのだ。キース・リチャーズは不死身なのだ。

6月11日、ローリング・ストーンズのヨーロッパ・ツアーは、イタリアのミラノからスタートした。

不死身な出来事⑨

２０１５年の全米ツアー、アメリカ独立記念日の７月４日、ローリング・ストーンズは、インディアナポリス・モーター・スピードウエイに６万人を集めてライブを行なった。１万５３０発の花火が盛大に打ち上げられたライブで、キース・リチャーズがステージから消えた。それは「ミス・ユー」の演奏中に起きた。キースがステージから落ちたのだ。またまた肋骨を打つことになったが、ブレスレットを失くした程度で、大事には至らず、ステージに戻ることができた。客席から赤いストローハットが投げ込まれ、蹴とばそうとしたことが原因だった。

神か悪魔から与えられた強運の持ち主

これだけのことがあってもキース・リチャーズは、生きている。１９７７年、カナダのトロントで逮捕され、翌７８年、執行猶予《ゆうよ》つきで釈放されて以来、長年続いていたヘロイン依存を断つことにした。自

キース・リチャーズが初めて買ったレコードは、リトル・リチャードの「ロング・トール・サリー」

伝『ライフ』のなかで、いまの自分のライフスタイルについて、
「俺は紳士的な暮らしを送っている。モーツァルトを聴き、貪るように本を読む」と語り、ときに自宅で手料理を楽しむという。

だがアンチエイジングの健康法にはあり得ないタバコは、やめることなく続いている。ストーンズのもう一人のギタリスト、ロン・ウッドは電子タバコに変えたが、キースはその気はないという。菜食主義やエクササイズにも興味はないという。

その類いまれなる生命力は、どこからくるのだろう。酒は断ったというが、アンチエイジングのため、特筆できる健康法に取り組んでいるわけでもない。神から与えられた、もしくは悪魔が与えた強運の持ち主としかいいようがない。キース・リチャーズが何歳まで生き続けるのか、今後しっかりと見定める必要がある。UFOがお迎えにくることもあり得るだろう。

PART
2

ロック・レジェンドたちに学ぶアンチエイジング

The secret to stay looking young

Ⅰ 趣味にトキメキを
Ⅱ 鋼の肉体派～カラダを鍛えるロックな男たち
Ⅲ 豪華旅ガイド

I 趣味にトキメキを

Musician's exciting hobbies

アンチエイジングにはトキメキが必須

「最近、トキメキを感じたことがありますか？」と訊《き》かれ、「うーん」と考え込んだあなたの老化度、心配です。キラキラし、ときめいていたあのころを早く取り戻すことが、アンチエイジングにつながります。音楽に夢中になっていたあのころ、あんなに熱くなっていたあのときのことを思い出しましょう。楽しく素敵な道が開けてくるはずです。何かに夢中になるということが、脳を活性化させてくれます。

アンチエイジングのためには、健康を維持し、肉体を強くすることも必要です。でも頭の中を元気にしないと、ボケから認知症へと進むことになりかねません。その対策が、脳の活性化です。とくに脳全体の司令塔の役割を担う前頭葉をしっかりと働かせてやることが大切なのです。

その有効な手段が趣味です。自分の好きなことに打ち込むことは、ストレスにも有効で、記憶力の低下を抑えてくれることになります。リフレッシュするための趣味をひとつでももつことが、生命力を強くし、老化を食い止めてくれるのです。

あのころ夢中になっていた、いまも大ファンのロック・レジェンドたちは、どんな趣味をもっているのか？　一緒にその趣味に取り組んでいる自分を妄想するだけでも、いい頭の体操になります。

ミュージシャンを熱くさせるゴルフ・モンスターたち

さてロック界のレジェンドたちは、いったいどんな趣味をもっているのだろう。

海外ミュージシャンたちの趣味でいちばん多いのが、ゴルフだ。まず、自然豊かなゴルフ場で18コースを長い時間かけて歩くだけでも、健康にいいはずだ。ウォーキングをすることで、体内に新鮮な酸素を取り込む有酸素運動ができて基礎代謝も上がる。クラブをスイングすることで、筋肉を引き締めてくれる効果もある。そして数字への挑戦。

ハンディキャップは、ゴルフの実力を示す尺度、数字がひと桁になるとシングル・プレイヤーといわれ、ゴルフを趣味とする人には、憧れであり大きな目標となる。ヒット・チャートのトップをめざすミュージシャンを熱くさせるには、重要なポイントだろう。

ハンデをもとに、アメリカのゴルフ専門誌『ゴルフ・ダイジェスト』が、ゴルフをプレイするミュージシャンをランキング形式で載せている。２０１４年のリストから気になるロック／ポップ系のミュージシャンたちを見ていこう。

シングル・プレイヤーはけっこう多い。なかでもエイドリアン・ヤング（46歳）のハンデは、なんと「１・８」。グウェン・ステファニーがヴォーカルをとるカリフォルニアのバンド、ノーダウトのドラマーだ。「ハンデゼロ」も目の前というプロ顔負けのプレイを見せる。

自らの名前を付けたゴルフ・トーナメントも開催するジャスティン・テンバーレイク（35歳）が「４・２」。バーバンクのレイクサイド・ゴルフ・クラブでは、スコア80を切ることは珍しくないという。

この『ゴルフ・ダイジェスト』のハンデは「５・５」となっているが、記事によっては、ハンデを「２」としているロック界のレジェンドがアリス・クーパー（68歳）だ。７０年代、「スクールズ・アウト」などのヒットを放ち、首に大蛇を巻き、首吊りショーなどのパフォーマンスでショック・ロックの王様とも呼ばれていた。２０１６年のグラミー賞では、エアロスミスのジョー・ペリー、俳優のジョニー・デップとハリウッド・ヴァンパイアーズを組み話題になったが、近年は、ロックシンガーとしてよりゴルフ・プレイヤーとしての話題のほうが多い。なにしろ自伝のタイトルを、ゴルフ愛に溢れた『アリス・クーパー ゴルフ・モンスター』と付けたほどだ。週6回はコースに出て、1994年には、アリゾナのカントリークラブでホールインワンを記録。97年からは、自らの名前を冠したアリス・クーパー・セレブリティ・ゴルフ・トーナメントというチャリティイベントを始めている。ゴルフを始めるきっかけは、アルコール依存から抜け出すためだったという。

「260ヤードも飛んでいくボールを見送る快感はほかにない」と、いまではすっかりゴルフ依存症になっている。

ゴルフは、アルコールやドラッグなどのリハビリにも効果的だとされている。プレイ中の快感、達成感は、自然とナチュラルハイへと導いてくれるのだ。

ロサンジェルスのバンド、レッド・ホット・チリ・ペッパーズのヴォーカリスト、アンソニー・キーディス（53歳）もまた2000年に、薬物依存からゴルフ依存症に変わった一人だ。ヴァン・ヘイレンのギタリスト、エディ・ヴァン・ヘイレン（61歳）は、2000年に喉頭がんが見つかり、舌の一部を切除、リハビリを続けていたが、2011年に再発した。苦しいがんとの闘いでゴルフがリハビリに役立ったという。

さて『ゴルフ・ダイジェスト』誌のランキングにもどろう。「ザ・パワー・オブ・ラブ」などのヒットで知られるヒューイ・ルイス&ザ・ニュースのヒューイ・ルイス（65歳）のハンデが「7」、映画『トランスフォーマー』の主題歌でも知られるリンキン・パークのベーシスト、フェニックスことデヴィッド・ファレル（39歳）が「7・4」、テキサスのヒゲオヤジバンド、ZZトップのドラマー、フランク・ベアード（66歳）が「8」、ロック界のレジェンドの一人、イエスのドラマー、アラン・ホワイト（66歳）が「8・2」。ボン・ジョヴィのドラマー、ティコ・トーレス（62歳）が「8・4」、ジム・モリソンのいた伝説のバンド、ドアーズのギタリスト、ロビー・クリーガー（70歳）が「9・1」。

シングル目前のミュージシャンには、チープ・トリックのロビン・ザンダー（63歳）が「11」、元ピンク・フロイドのロジャー・ウォーターズ（72歳）が「15・6」、エリック・

アリス・クーパーを薬物依存から解放したのが、ゴルフ！

クラプトン（71歳）のハンデは、「18」となっている。

ちなみにこの2014年のミュージシャン・ランキングの1位は、カントリー・シンガーのヴィンス・ギル（59歳）で、なんと「プラス0・3」と、スクラッチを上回るプラス・ハンデ。なんでも高校時代にすでにスクラッチ・プレイヤーだったということで、プロ級の腕前だ。

多才な才能で老い知らず

音楽以外でもプロ級の才能を発揮する人たちがいる。アメリカ音楽界の生んだもっとも偉大なシンガー、そしてソングライター、ボブ・ディラン（75歳）の絵の才能は、高い評価を受け、世界各地で絵画展が開かれている。2010年に日本で初めて絵画展が開かれたとき、水彩画の作品には、3，900万円もの値段が付けられ話題になった。13年には、イギリスのロンドンで、彫刻の作品を集めた「鉄の彫刻展」が開かれたこともある。

2005年に発売された『ボブ・ディラン自伝』（ボブ・ディラン著／菅野ヘッケル訳／ソフトバンククリエイティブ）については、イギリスの『デイリー・テレグラフ』紙が、「ロックンロールの世界において、本書はいわばシェイクスピアの日記の発見のようなものである」

と評した。作家としてもやっていけそうだ。いまや70歳代半ばになっているが、年齢を重ねるにつれ、多彩な才能で脳が活性化されれば、老いることはなさそうだ。

ローリング・ストーンズのギタリスト、ロン・ウッド（69歳）は、子供のころ、ＢＢＣテレビの『スケッチ・クラブ』という番組で作品が優勝し、すでに絵の才能は高く評価されている。

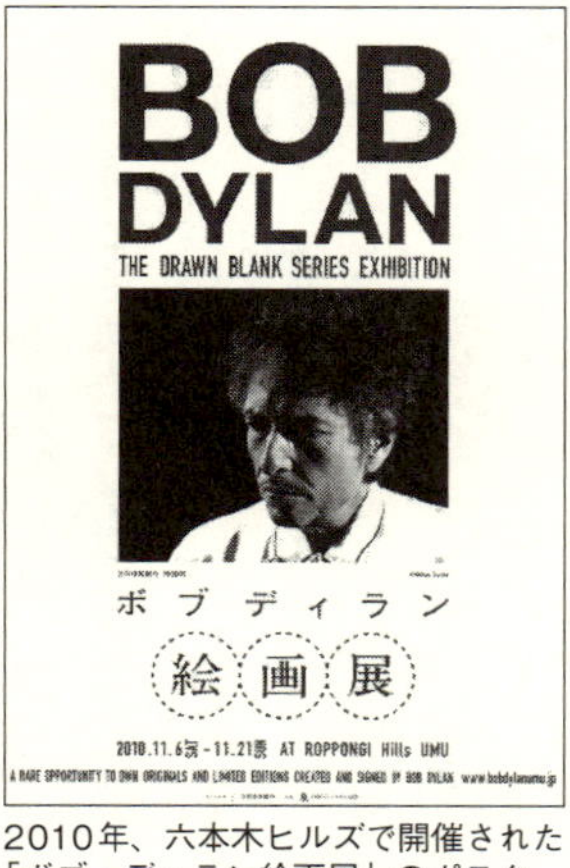

2010年、六本木ヒルズで開催された「ボブ・ディラン絵画展」のポスター

その作品は、３万ポンドから10万ポンド、６００万円から2，０００万円ものプライスが付くほどだ。音楽と絵の両方に対する創造性について、ロン・ウッドはこんなことを語っている。

「特定の心の状態でないと、大きな絵を描きはじめることができない。だが、飛行機に乗っていたりするときに、抵抗できないような衝動を感じることがある。だからノートにいろいろ書きつけたり小さなメモ用紙に絵を描いたりということをよくする。大きな絵を描きたい気分になっているときは、その絵を前にして、電話もなく急にやってきた人と話をしたりするのが、すごくいやなんだ。絵を描かなきゃいけないのに、なんて思いながら、無駄な時間をすごしてしまう。客が帰ったあと、急いで描きはじめる。歌の場合もおなじだ。話のとちゅうで曲が浮かんだら、走っていってテープに吹き込むか何かしなくちゃだめだ」（『素顔のミュージシャン』ジェニー・ボイド、ホリー・ジョージ＝ウォーレン著／菅野彰子訳／早川書房）。

「青春の光と影」「ビッグ・イエロー・タクシー」「ウッドストック」などの作品で知られているカナダ生まれの女性シンガー・ソングライター、ジョニ・ミッチェル（72歳）の絵画も大きな評価を得ている。

「長いあいだ、絵を描きつづけていると、心がとてもおだやかになる。科学的に計測すればどういう結果が出るのかわからないけれど、たぶん夢を見ているときと同じ状態だと思う」

音と絵に見せる表現力、彼らの作品に触れ、トキメキを感じることもまたアンチエイジングになるだろう。

レジェンドはフライ・フィッシングがお好き

ゴルフのランキングでも顔を出していたエリック・クラプトン（71歳）は、多趣味なミュージシャンだ。ゴルフ以外にもその趣味は、フェラーリをはじめとするクルマのコレクション、ロレックスの時計コレクション、クリケット、射撃、競馬、スピードボート、ビリヤードに格闘技と多岐にわたる。そのなかでも有名なのが、フライ・フィッシングだ。釣りを始めたきっかけについて、『エリック・クラプトン・ストーリー』(レイ・コールマン著／茂木正子訳／CBSソニー出版)のなかでこう語っている。

「テニスでも、スカッシュでも、ゴルフでも何でもよかったけれど、酒断ちの1年目には、魚釣りにすることにした」

クラプトンの場合、アルコール依存症から釣り依存へと変わった。

酒を断って何を始めようかと思っていたエリック・クラプトンに釣りを勧めたのは、ゲーリー・ブルッカー(70歳)だった。1967年、「青い影」の大ヒットを放ったプロコル・ハルムのキーボード奏者で、一時、自ら釣具店まで開いていたほどの釣り好き。ゲーリー・

クラプトンを夢中にさせた釣り。ギタリストらしく、竿にもこだわった

ブルッカーにフライ・フィッシングの魅力について訊《き》くと、一気に釣りにはまっていった。『エリック・クラプトン・ストーリー』によれば、釣りを始めて数週間もしないうちに「クラプトンの生活を完全に支配するようになった」と書かれている。中途半端ではいられない。やはり達成感があってこそ、依存できるわけだ。アイスランドにまで出かけたときは、2日間で80匹の鮭を釣り上げたとか、4kg近い大物を釣ったことがあったという。1979年にクラプトンと結婚、妻となったパティが、まずぶつかった問題が釣りだったという。美しい妻も釣りの魅力には、負けてしまったらしい。ロック界のレジェンドは、フライ・フィッシングでもレジェンドになった。

趣味からサイド・ビジネスへ

フライ・フィッシングには、ザ・フーのロジャー・ダルトリー（72歳）もはまったが、その趣味が高じて、新たなビジネスまで始めたことがあった。イギリスの南東部、サセックスのフォーディングブリッジにあるロジャーの農場では、マスの養殖を行ない、一時は、マスが数千匹にも増え、一般の釣り客にも公開をしていた。この養殖場は、2000年に閉じたが、マスとの交流は気分転換に大いに役立ち、頭をすっきりさせてくれたと、ロジャーは語っている。

釣りは、ジェスロ・タルのイアン・アンダーソンやロジャー・ウォーターズも好きで、大音量のなかにいるロック・ミュージシャンにとって、大自然の釣りは癒《いや》しを与えてくれるのだろう。

釣りのあとに、ロジャー・ダルトリーは新たな趣味を見つけた。それが鉄道模型で、いずれ鉄道模型の博物館を開きたいとも語っている。鉄道模型の趣味はロッド・スチュワート（P.68〜を参照）やニール・ヤング（70歳）も有名だ。ニール・ヤングは1995年、趣味が高じてライオネル・トレインズというアメリカの鉄道模型の会社の株を取得している。

趣味がビジネスになることもある。趣味といってもたんなるオフの過ごし方に終わらせないロック・レジェンドたちに学びたいところだ。超絶テクのギタリスト、スティーヴ・ヴァイの場合も、趣味から立派なサイド・ビジネスになった。彼が飼っていたのはミツバチで、10万匹もの蜂を集め、ハチミツを生産している。

スピードの追求でアンチエイジング

達成感、快感ということでクルマもまたアンチエイジングになる。たんにクルージングするわけじゃない。前述したエリック・クラプトンのフェラーリ好き、ロッド・スチュワートのランボルギーニ好きなど、スーパーカーは持つ、走らせる快感を満足させてくれる。

ほかにもロックの世界で、クルマのコレクターとして有名なのは、AC／DCのブライアン・ジョンソン（69歳）。フェラーリ、ジャガー、ランボルギーニなど18台を所有しているほか、カー・レースにも出場する。全世界2億枚のセールスを誇るロック・バンドのヴォーカリストは、金にいとめをつけない趣味をおもちだ。

さらにスピード依存を満足させるために、カー・レースに挑むアーティストもいる。自らレーシング・ドライバーとして、あのル・マンをはじめ、カー・レースにも参加したことがあるのが、ピンク・フロイドのニック・メイソン（72歳）。サイドビジネスは、陸から空へと広がり、同じピンク・フロイドのデイヴ・ギルモアと飛行機のリース会社を

ロッドと愛車フェラーリ。世界で400台しかないエンツォフェラーリを所有していたこともある

経営していたこともあった。大人の趣味は、暇つぶしでは終わらない。モトリー・クルーのヴィンス・ニール（55歳）は、元F1ドライバーのエディー・チーヴァーとインディカーのレーシングチームをつくったほか、自らもドライバーとして、1995年3月、カリフォルニア、ロングビーチで行なわれたトヨタ・グランプリ・セレブリティ・レースに出場。ロングビーチのストリートサーキットを10周するレースで、惜しくも優勝は逃したものの第2位に入った。

カー・レースを超えるスピードを追求する人たちもいる。アイアン・メイデンのブルース・ディッキンソン（57歳）は、フェンシングの腕前でも知られているが、凄いのは、パイロットのライセンスをもっていることだ。それも軽飛行機のレベルじゃない。アイアン・メイデンのワールドツアーでは、チャーター機を使うが、そのパイロットとして自ら操縦桿《かん》を握っていた。さらにイギリスの航空会社、アストライオス航空で、ボーイング757のパイロットをしていたこともある。その後、パイロットの訓練校に飛行機のメインテナンス会社を始めている。

1980年、「カーズ」が世界的にヒットをしたゲイリー・ニューマン（58歳）の場合、

81年、ライブ活動休止を宣言すると、世界一周旅行に出た。それも自らが操縦する単発機、セスナ210での世界一周フライトを計画したのだった。だが、途中インド上空でモンスーンに遭遇、インドのベンガル湾沿いにある港町ヴィシャケプトナムの陸軍基地に緊急着陸をした。ところが近くにロシアの潜水艦がいたことから、スパイの疑いがかけられ、ニューマンはもう一人のパイロットとともに拘束されてしまったのだった。その後イギリス大使館に連絡を取り、釈放されたが、冒険旅行は終わった。飛行機ではなく、クルマ（カーズ）にしておいたほうがよかったのかもしれない。

少年の心で老化のスピードをスローダウン

男というのは、いつまでも少年の心をもっているものだ。それもあり余るお金があれば、スーパーカーや鉄道模型に走るのも無理はない。少年時代の夢の実現。なんとも羨《うらや》ましい話だが、子供のころの夢を風変わりな趣味で実現したアーティストもいる。

元ガンズ・アンド・ローゼズのギタリスト、スラッシュ（50歳）は、子供のころ、恐竜と爬虫《はちゅう》類が大好きだったという。大人になって、トカゲやワニまで飼っていたが、なかでも凄いのがヘビで、2008年には100匹にもなり、家にはヘビの部屋まであった。そのヘビは、ボア系が数匹、コブラ、インドニシキヘビ、ビルマニシキヘビ、毒牙をもったマングローヴに大型のアナコンダまで飼っていた。ボアは、スラッシュのミュージックヴィデオ、『ペイシェンス』に出演をした。

スラッシュのもうひとつの趣味がピンボールマシンの蒐集《しゅうしゅう》で、18台ものピンボールを持っていたこともあった。これも富める者たちにのみ許されることだろう。部屋にはアーケード・ゲームのマシンも置かれ、ゲームセンター状態だったという。ヘビにしてもピンボールマシーンにしても、ここまで徹底するのが、成功をしたロック・ミュージシャンの趣味の世界だ。まあカネの行き先として、ドラッグやアルコール依存症になるよりは、ずうっといい。

ローリング・ストーンズのロン・ウッドは、長年アルコール依存症に悩んでいたが、2000年代に入って、アルコールを断つために始めたのが、なんと切手の蒐集だった。ロン・ウッド画伯としては、切手の絵柄に興味をもったのかもしれないが、世界最強のロック・バンドのギタリストが小さな切手に見入っている姿は、まだ可愛らしい少年時代を思い出させる。違うのは大人買いだ。切手の蒐集を始めると中途半端で満足するはずもなく、オーストリアで最初に発行された切手などのレアなコレクターとして全国的にも有名になった。20

０９年に妻のジョー・ウッドと離婚をしたときのことだ。こんなコメントを残している。

「家やクルマ、子供たちも望みはしないけれど、ベンジャミン・フランクリンＺグリルの後見人にはなりたいものだね」

その切手は、１８６０年代の超レアもので、世界でもっとも価値があるとされるマニア垂涎《すいぜん》の切手だという。ロン・ウッドのアタマのなかが切手でいっぱいになっていたことが、この発言でわかるだろう。

「カネがあれば、なんだって好きにできるさ」というのは確かだが、夢を膨《ふく》らませてくれる。アンチエイジングに大切なのは、まず興味があることを始めてみることだ。趣味といってもどこまで本気になり、達成感を得られるかが、老化のスピードをスローダウンしてくれることになりそうだ。

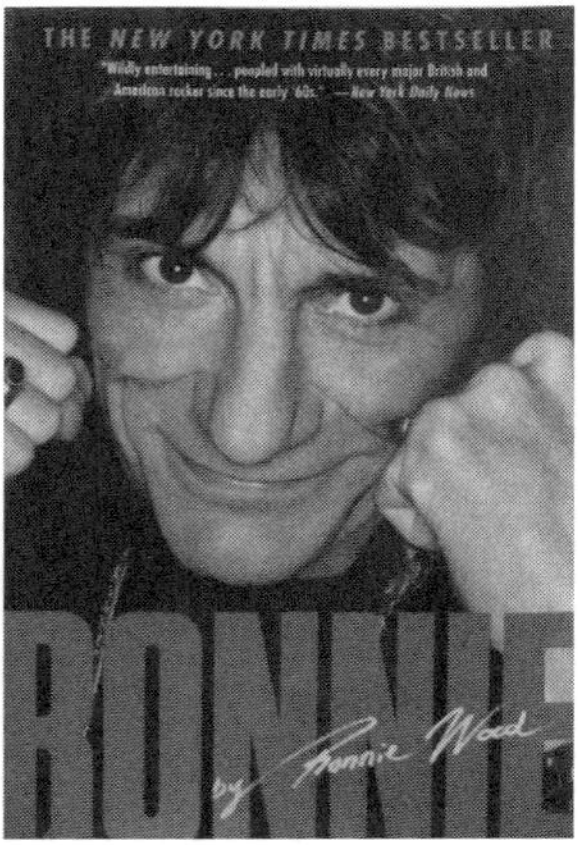

ロン・ウッドの著書『RONNIE』（St.Martin's Griffin）と超レアな切手（写真・左）

Ⅱ

鋼の肉体派〜カラダを鍛えるロックな男たち

Rock's macho guys

健康、長生きの秘訣は筋肉トレーニング

毎年発表される平均寿命、日本人の場合、男女ともに延び続け、過去最高を更新、いまやともに80歳を超えている。だが世界一の水準になったと喜んでばかりはいられない。死ぬまで元気でいられるかどうかが問題なのだ。寝たきりや介護されながらでも生き続けたいだろうか？

長生きをするためには何が必要なのか？　健康寿命を延ばすためにまずさけたいのは、メタボリック＆ロコモティブ・シンドロームだろう。メタボは、内臓に脂肪が溜まる内臓脂肪症候群で、命に関わる脳卒中などの原因にもなるといわれている。一方ロコモは、骨や筋肉などの衰えからくる運動器症候群で、障害が出れば介護が必要となる。そのためには、足腰の筋肉を活動させせトレーニングをすることが、効果的だとされている。

トレーニング科学が専門という石井直方さんの著書『筋肉革命』（講談社）には、こんなことが書かれている。

「ロコモにならないためには、筋肉がしっかりしていることが大切です。筋肉がしっかり維持できていれば、自分の足腰の筋肉を使って、日々を活動的に過ごすことができます。積極的に買い物などに出かけたり、ウォーキングを楽しんだり、筋肉を使って活発に動くことは、脂肪や糖の蓄積を防ぎ、メタボになりにくい体をつくることにもつながるのです」

さらに運動をすることで、交感神経が活性化され、アドレナリンが分泌。脂肪の分解を促してくれるという。

いまや一般の人たちも健康寿命への気配りを話題にし、トレーニングマシンが、通販のベストセラーとなる時代、音楽界ではアーティストたちもまた健康面に気配りをするようになってきている。ロック・ミュージックが、セックス・ドラッグス&ロックンロールなどといわれた時代は遠い過去のことだ。いま音楽ビジネスは、世界的に大きく変化を見せている。もっとも大きな変化が、CDの売り上げが下降する一方で、ミュージシャンにとってツアーからの売り上げが大きくなっていることだ。それも大規模なワールドツアーとなれば、チケットの売り上げに加えて、Tシャツをはじめとするツアーグッズの売り上げも大きな収益を挙げる。

時代を大きく変えたのが、ローリング・ストーンズが2005年から07年にかけて行なった「ア・ビガー・バン・ツアー」で、144回のショーで468万人を動員、チケットの売り上げは5億ドルを超え5億5,825万ドル、日本円にして664億円にも達した。21世紀の音楽ビジネスの中心となるのが、コンサートなのだ。

そうなると、ステージに立つアーティストの見せるパフォーマンス力、数時間に及ぶライブにも耐える強靭《きょうじん》な体力が必要となるわけだ。世界的なロック・ミュージシャンたちが、どんなトレーニングをしているのか、検証していくことにしよう。

ブルース・スプリングスティーン

見事な筋肉はトレーニングの賜物

ブルース・スプリングスティーンのアルバム『ボーン・イン・ザ・USA』がリリースされたのは、1984年6月。アルバムからは、グラミー賞を獲得した「ダンシング・イン・ザ・ダーク」をはじめ、7枚のシングルが全米シングル・チャートでトップ・テン入り、全世界で3，000万枚を売る記録的なヒットとなった。

この1984年当時のアメリカの雑誌『ピープル』に、トレーナーのフィル・ダンフィーが、ブルース・スプリングスティーンのトレーニング法についてコメントしている。6㎞から10㎞のランニングを週3日、あと3日がジムでのウエイトトレーニングをしていたということだ。

親友で、Eストリート・バンドのギタリスト、スティーブ・ヴァン・ザントは、いま60代になったボスについて、こんなことを言っている。

「彼と出会った15歳のときと、ウエストサイズはほぼ同じなんだよ」

若いころとの体型のギャップに悩む人にとっては羨《うらや》ましいことだが、諦《あきら》めることはない。

「ザ・ボス」のニックネイムをもつロック界のアイアンマンは、2015年9月に66歳になったが、いまなおロック魂に溢れるライブを続け、公演は3時間から4時間の長丁場をこなし続けている。シャツからのぞく筋肉は見事だ。最近はライブでのパフォーマンス自体が、いい運動になっているとも言っているが、その肉体は、長く続けてきたトレーニングの賜物だろう。日ごろはトレッドミルを使ったランニング、トレーナーがついてのウエイトトレーニングをルーティンとしている。年齢とともに人の筋肉が老化するのは当然だが、それを防ぎ美しい肉体を保持するには、適切な運動が必要になる。

トレーナーの山本ケイイチ氏は、著書のなかでこう書いている。

「いかに質の高いトレーニングであっても。三日坊主だったら何の意味もない。もちろん、たとえ1回のトレーニングでも細胞レベルでの変化はある。『痛い』と感じるのだって、変化の一つだ。しかし、たった1回で終わらせてしまったら、変化は定着せず、何の効果も見込めない。たとえ1カ所の筋肉を鍛えるだけでも、だいたい6週間ぐらいは同じ方法を続けてやらなければ結果は見えてこない」（『仕事ができる人はなぜ筋トレをするのか』幻冬舎新書）

精力的にライヴを続けるブルース・スプリングスティーン。2008年のライブフォト

ぶれることのない信念と覚悟

だがトレーニングだけであのボディメイクは生まれない。運動に加えてヘルシーな食事を

心がけることも必要になる。ブルース・スプリングスティーンは、植物性食品を中心にしたベジタリアン・ダイエットを実践している。

カリフォルニアの新聞、『オレンジカウンティ・レジスター』の電子版に、2002年から03年にかけてのツアーでバックステージに用意された食事のメニューが載っている。その内容は「ホームメイド・スープ」「良質の軽食トレー」「ツナサラダに低脂肪のマヨネーズ」「3種類のメイン料理。ひとつはベジタリアン料理」「緑色野菜のサラダ」「シーザー・サラダ」「新鮮な季節の野菜2種類」「適切なでんぷん食品（スターチ）」と、いかにもヘルシーな食品が並んでいる。

ブルース・スプリングスティーンは、ロックンロールの未来への希望を与えてくれ、その歌からは何歳になってもぶれることのない信念と覚悟を感じさせる。ボディメイクもまたぶれることなく、地道な努力の継続があるからこそできているのだろう。ブルース・スプリングスティーンは、ドラッグにも手を出すことがなかったという。その信念は固く、決して誘惑に負けることはなかった。これは、父親がアルコール依存症だったことが影響をしているということだが、身近にあった悪い手本を見て、「明日なき暴走」に走ることはなかった。

ジョン・ボン・ジョヴィ

世界でも有数の動員数を誇るライブ・バンドの体調管理法

２０１３年、アメリカの興行業界誌、『ポールスター』のランキングで、ボン・ジョヴィは１０２回のショーを行ない、２億5,９５０万ドルを売り上げ、２０１３年のワールドツアーで1位になった。１９８０年代、「禁じられた愛」「リヴィン・オン・ア・プレイヤー」など4枚の全米ナンバーワンヒットを放ち、日本でも高い人気を集めてきたボン・ジョヴィだが、21世紀になってもその人気は衰えることなく、世界でも有数の動員数を誇るライブ・バンドとなっている。

ボン・ジョヴィのヴォーカリスト、ジョン・ボン・ジョヴィは、２０１６年3月に54歳になった。ツアーにはトレーナー、カイロプラクター、栄養士を同行、体調

ジョン・ボン・ジョヴィはナイスガイ！著者との記念写真

21世紀に入っても、ボン・ジョヴィは世界のファンを熱狂させる。ジョン、2007年のライブフォト

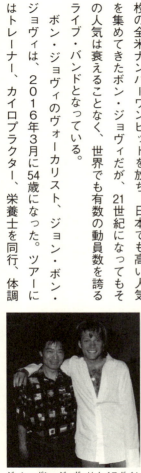

管理には万全を期している。

食事で好きなものは、焼き魚、低脂肪のギリシャ・ヨーグルトも挙げている。ただビールも飲むし、ハンバーガーも食べるということで、大きなこだわりはないようだ。

トレーニングは、週6日、1時間のランニングとトレッドミル、エリプティカル（有酸素運動マシン）、といったマシンが基本で、最近はヨガを取り入れている。また広いステージを動きまわったり怪我を予防するために、バランス&スタビリティエクササイズも取り入れている。

このバランスエクササイズ、体力の低下を感じはじめた人にはお勧めしたい。バランスボールやバランスボードを使ってもいいが、用具を使わなくても片脚立ちでポーズを取り姿勢を保つ練習などは、身体にも負担なく手軽にでき、安定感も与えてくれる。

アンソニー・キーディス

健康の秘訣は、水泳と家族

時代が大きく変わってきたと感じるのは、レッド・ホット・チリ・ペッパーズのアンソニー・キーディスでさえ健康を気にするようになってきたことだろう。全世界のCDセールス、8,000万枚を超えるカリフォルニアはロサンジェルスのバンドのヴォーカリストは、かつて好きなスポーツは「セックスだ」と語り、セックス・ドラッグス&ロックンロールな日々を送っていた。

そんなアンソニー・キーディスも2015年の11月には53歳になった。女性関係は、相変わらずお盛んだ。

レッチリのアンソニー・キーディス。自らの経験を活かし、薬物依存患者の更生を手助けしている

昨年、3年ほど交際していたモデルのヘレナ・ヴェスターガードと別れ、新たな恋人として名前が挙がったのが、30歳年下のブラジルのモデル、ワネッサ・ミルホレムで、一緒にサーフィンをしているところが目撃されている。元カノのヘレナは、30歳年下だった。ロックスターともなれば、若い美女たちが周りに集まってくるのも珍しくないが、アンソニー・キーディスほど数多くの女性たちとの関係が取りざたされるロックスターはあまりいない。

噂になった女性たちには、女優のデミ・ムーアや音楽界からニナ・ハーゲンやシンニード・オコナー、そして数多くのモデルたちがいる。黒髪にブルーネット、ブロンドと髪の色はさまざまだが、いずれも美女で、若いのが共通点だ。若い女性との交際は、もちろんアンチエイジングに効果的だ。

女性遍歴は相変わらずだが、ここ数年は、ジョギングをしている写真が新聞雑誌の紙面で目立っている。恋人と愛犬と、また一人でも走る。水泳も欠かせないが、泳ぐのは、塩素を除去したプールと決めている。そしてなによりも変わったのは、食事だろう。アンソニー・キーディスが実践しているのはベジタリアン・ダイエット。ただ、卵と魚を食べることはあるという。ハリウッドのパーティ・ピープルからも卒業、夜の食事は、午後6時前に摂《と》るというのだ。こうしてシックスパックのボディを維持、30歳は歳下の女性たちとデートを重ねる。なんとも羨ましいことだ。時代とともに自身の人生の楽しみ方も変わってきているようで、こんなことを言っている。

「70年代は、スケートボード。80年代は、ドラッグで、90年代は、アートだった。いまは俺の家族だな」

レニー・クラヴィッツ

ヘルシーライフに欠かせないチャンピオンジュース

一般的に筋力、体力が低下するといわれるのが50歳代で、ジョン・ボン・ジョヴィ、アンソニー・キーディスも50歳代。そしてニューヨーク生まれのシンガー・ソングライター、プロデューサー、アレンジャー、俳優と多彩な顔をもつレニー・クラヴィッツも２０１６年５月で52歳になった。

そのヘルシーライフに欠かせないのが、チャンピオンジューサーだ。このアメリカ製ジューサーは、遠心分離式ではなく、搾汁《さくじゅう》方式でビタミン、酵素が破壊されにくいという注目の海外家電。オーガニックにこだわるレニー・クラヴィッツは、このジューサーにフレッシュな野菜を入れて飲んでいるという。

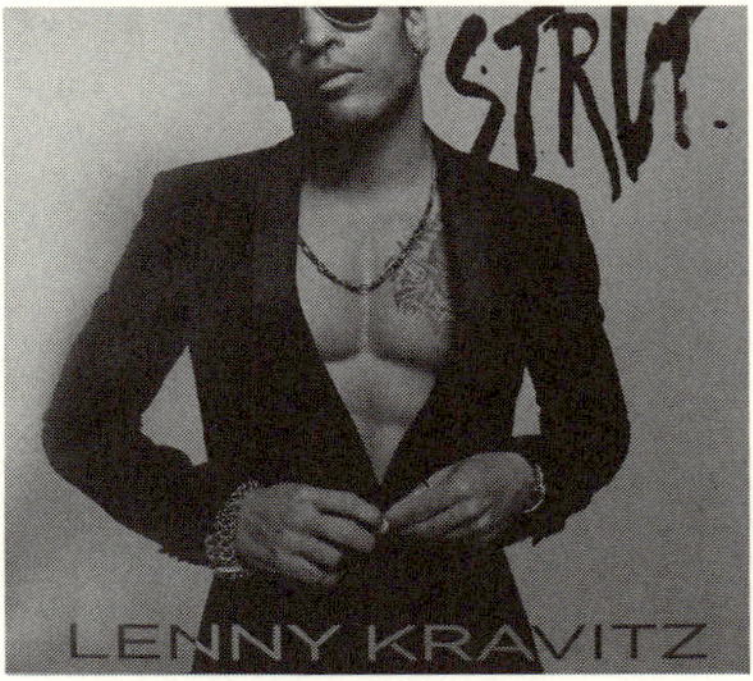

ジャケットから覗く肉体美に注目。レニー、デビュー25周年、2014年のアルバム『STRUT.』

またフランスのパリが好きで、１年の半分を過ごすこともあるというレニー・クラヴィッツは、パリでグルメな食事を摂り、シャンパンもたしなむが、飲食は節度を心がけているという。見た目のワイルドなイメージから、あびるような酒の飲みかたをしそうだが、酒に呑まれることはなく、やめどきを心得ていると言っている。

トレーニングは、屋内のスポーツジムより、屋外でのランニングやジャンピング・ロープ（縄跳《なわと》び）をルーティンにしている。

それぞれ健康法はさまざまだが、トレーニングと食事のバランスが大切だということがわかるだろう。またウォーキング、ランニング、水泳などの有酸素運動と筋トレなどの無酸素運動をうまく組み合わせることも重要だ。健康ライフに無理は禁物。それぞれができる範囲で長く続けることが大切だろう。

筋トレで身体を鍛える

60歳をすぎて、めっきり体力がなくなったと感じることがないだろうか？　肉体の衰えは、仕方ないのだろうか？　仕方ないで片づけなくてもいいことは、ミック・ジャガーをはじめロック界のレジェンドたちに学んでほしい。30歳をすぎると筋力は落ちるというのは、よくいわれることだ。とくに足腰の筋肉は低下していく。だが諦めることはない。

「20歳のときと40歳のときでは、忍耐力は40歳のときのほうが確実に上がっているはずだし、目的意識もはっきりしているはずだ。このような精神の成熟は、加齢による生理的機能の低下を補ってあまりある」(『仕事ができる人はなぜ筋トレをするのか』)

また、こうも書かれている。

「高齢になってもトレーニングをして刺激を与えれば、筋量は維持され、場合によっては肥大することすらある。すでに筋の収縮が深刻な状態まで進んでしまっても、適切なトレーニングを行うことによって、回復させることは可能と考えられている」

21世紀のいま、還暦をすぎても、美しい肉体美を自慢したいものだ。世界のロック界で男たちは、いかに肉体を鍛えているのかを参考にしてほしい。これから登場するミュージシャンたちは、地道な努力で鍛えている。憧れの肉体美は、一朝一夕にできるものではない。継続と努力の積み重ねが大切だということを教えてくれる。

フィル・コリン

理想の痩せマッチョ、ナンバーワン!

ロック・ミュージシャンにとっての理想のボディは、痩《や》せマッチョだろう。筋トレで、肩、背中、胸、腹筋を鍛えていく。なかでもシックスパック、六つに割れた腹筋は肉体美の象徴だ。体脂肪率が15％以下になると腹部に横線が見えるようになるというが、デフ・レパードのギタリスト、フィル・コリンの場合、間違いなく体脂肪率はシングルだろう。

デフ・レパードは８０年代、『パイロマニア』と『ヒステリア』という大ヒット・アルバムを生みだし、全世界のセールス、１億枚を超えているモンスターバンドで、バンドの痩せマッチョナンバーワンが、フィル・コリンだ。

久々の来日となった２０１５年11月９日、日本武道館。58歳の誕生日まで１カ月というライブでフィル・コリンは、武道館を埋めつくした観客を前にオープニングから上半身裸で、見事なシックスパックぶりを見せていた。いやぁ羨ましい肉体美！　ここまで鍛えれば裸を見せたくなるのも納得だ。

肩、背中、胸、腹筋、その鋼《はがね》のような肉体

鍛えられた肉体に注目！ フィル・コリンの著書『ADRENALIZED』（BANTAM PRESS）

美は、菜食主義と丹念な筋肉トレーニングから生みだされている。

フィル・コリンの菜食主義は、1980年代から始まったというが、ポール・マッカートニー同様に動物愛からきている。そして直接のきっかけは1974年の映画、『悪魔のいけにえ』だったという。原題は『テキサスチェーンソー大虐殺』というこの作品は、レザーフェイスという殺人鬼が人を襲うホラー映画だ。この映画を観たフィル・コリンは、人間は動物に対して同じことをしているじゃないか、と肉断ちを決意したという。

完全菜食主義を貫く食生活

1984年には、飲酒もやめたという。でも音楽界のつき合いに、酒はつきもの。ワインを数杯飲みはじめて、最後にはジャック・ダニエルをショットで決める！ というつき合いは、日常のことだ。その環境で飲酒をやめることには苦労したようだが、やめると早起きになり、ジョギングを始めるようになった。

フィル・コリンの自伝、『ADRENALIZED LIFE, DEF LEPPARD AND BEYOND』（PHIL COLLEN WITH CHRIS EPTING／BANTAM PRESS）に、写真家のロス・ハルフィンがこんなコメントを寄せている。

「スティーブ・クラークの死のあと、フィルは自分自身を完璧にクリーンにした。酒を断ち、ドラッグを断ち、ワークアウトにフィットネスで自分のことをしっかり見つめるようになった。さらになんと驚くことに、ヴィーガン（完全菜食主義者）になった」

スティーブ・クラークは、デフ・レパードのオリジナル・メンバーのギタリスト。1991年、鎮静剤コデインの過剰摂取で他界した。精神安定剤のジアゼパムも体内から発見された。この死から遡《さかのぼ》る2年前、ミネアポリスのバーで倒れ、病院に担ぎ込まれた際、診断をした医師は、スティーブの血中アルコール濃度の数値が0・59だったことを伝え、アルコールへの依存度が危険なレベルに達していることに警告を発していた。

友人、スティーブ・クラークの死に直面したフィル・コリンは、さらにクリーンに生きることを決意、90年代に入ると、エンタメ界につきもののパーティ

著者とフィル・コリン、いまは亡きスティーブ・クラーク（写真・右）と。87年、フランス・パリで

へ出ることも控えるようになり、スーパーフィットネスの道を追求することにしたのだった。それも50歳代に入って、さらに強化されていく。

食生活の面で、菜食主義はさらに徹底され、ヴィーガンへの道へと進んでいった。ヴィーガンとは、乳製品を含む動物性食品をいっさい摂らず、革製品などの食用以外の利用も避けるという完全菜食主義者のことで、フィル・コリンは２０１０年ごろからこのヴィーガンを貫いている。いまは南カリフォルニアに住んでいるが、菜食主義者にとって住みやすいという。一方、ツアー中は野菜バーガーに豆腐、温野菜など、具体的には自然食中心で、ピッツァも食べるが、アボカドや野菜類を使ったものだという。

見習いたいアンチエイジング道

肉体改造も徹底している。肉体面の強化で最初始めたジョギングは、その後、外で走るよりは、トレッドミルを使うようになった。最初は、何をどうしたらいいのかわからず、いろいろ試してみていたが、いまはヨーロッパのムエタイ・チャンピオン、ジャン・カリーロがパーソナル・トレーナーとなり、指導を受けていて、ツアーに同行することもあるという。

そもそもフィルは、子供のころからブルース・リーの大ファンで、１９９１年にカリフォルニアのオレンジカウンティで、道場を見つけたことから格闘技に興味をもちはじめ、いろいろ体験したのち、タイのキックボクシング、ムエタイにいきついたという。そもそも格闘技好きだったというわけだ。

50歳代に入って、ますますトレーニングに力を入れ、53歳でベンチプレスは、自身の体重の2倍のバーベルを押し上げるまでになったという。ベンチプレスは、ベンチに仰向けに寝た姿勢で、両腕でバーベルを押し上げるトレーニング。大胸筋を鍛えるだけでなく、胸、肩、腕をまとめて鍛えられるという。フィル・コリンは171kgを上げたという話もあり、この数値は一般的なスポーツクラブなら、トップクラスを争える数字だろう。

普段は、朝、ウエイトトレーニング、午後に縄跳びなどの有酸素運動を行なっている。この有酸素運動と筋力トレーニングをバランスよく行なうことが重要なようだ。またツアー前のカラダづくりでは、このウエイトに加えてキックボクシングで強化。ツアーに入るとトレーニングマシンが使えないこともあり、ボディウエイト・エクササイズが中心になるという。ボディウエイトとは、マシンなどを使わずに自分の体重を負荷にするトレーニングのことだ。

フィル・コリンは、腕立て伏せ、懸垂《けんすい》、腹筋、ジャンピング・ロープ（縄跳び）、ジャンピング・ジャックなどのエクササイズをルーティンにしている。またダンベルやボクシング用のサンドバッグをツアーに持ち込んだり、トレーナーのジャン・カリーロが同行することもあるという。

60歳を前に肉体改造もここまでできるのだ。アンチエイジング道で見習いたいことは多い。2016年の『ロサンジェルス・タイムス』とのインタビューで、58歳になっての心境をこう語っている。

「30歳のときよりいい感触だよ」

イギー・ポップ

ナイス・ボディの鍛錬術

上半身裸の肉体派ロックスターといえば、この男のことも忘れちゃいけない。ゴッドファーザー・オブ・パンクの異名を持つイギー・ポップだ。2016年2月には、絵画のデッサン教室でヌード・モデルになった。

これは、ニューヨークのブルックリン美術館が、イギリスのコンセプチュアル・アーティスト、ジェレミー・デラーと企画したもので、2月21日にニューヨーク・アカデミー・オブ・アートで行なわれたデッサン教室でのこと。この日は、19歳から80歳までの芸術家、21人が参加、イギーは大きなテーブルの上にヌード・モデルとして全裸で横たわった。作品は、2016年秋にブルックリン美術館で展示されることになっている。1947年4月21日生まれ。68歳での全裸モデル。自信があってもなかなかできるものじゃないだろう。

＊

1980年代の終わりだったと思うが、ロサンジェルスのホテルでインタビューしたことがある。顔は当時からシワが目立っていたが、Tシャツの上からもわかる鍛え抜かれた肉体に、目を奪われたことを忘れられない。その腹筋は、オリンピックのアスリート並みだといわれる。その肉体での身体を張ったパフォーマンスは、デビュー当時から話題を集めた。

1969年、ザ・ストゥージスを率いてデビュー、ファースト・アルバムをわずか4日間でレコーディング。全米アルバム・チャートでは、ファーストは106位、セカンドは182位が最高位で終わった。だがイギー・ポップの名前は、その過激なパフォーマンスからレコードの売り上げ以上に注目を集めた。ガラスの破片をばらまいたステージで血だらけで歌ったり、裸の胸にハンバーガーの肉やピーナッツバターを塗りまくり、たびたび客席にダイビングをしたり、救急車で運ばれたこともあった。

バンドは、2枚アルバムを発表したあと、1974年に解散。バンドの周辺では、メチルジアやDMTといった幻覚剤、メタンファミンなどの覚せい剤、鎮静剤のクエールード、マリファナ、コカイン、ヘロインなど、ありとあらゆるドラッグの噂があった。そんな噂や身体を張ったライブに、イギー・ポップ自身がいままで生き続け、2003年に29年ぶりのストゥージス再結成を実現するとは、誰が予想できただろうか？

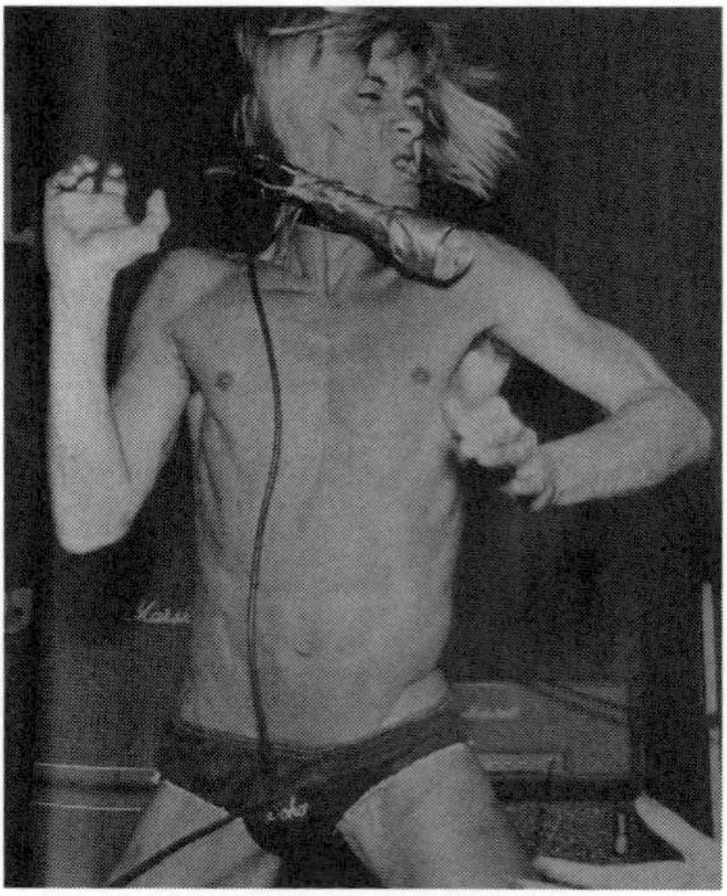
イギリスの雑誌『UNCUT』(2010年5月号) から、イギーの衝撃的なライブフォト

ここ数年、彼の周辺で亡くなったアーティストたちは少なくない。ラモーンズのトミー・ラモーン、ストゥージスのロン&スコットのアシェトン兄弟、大御所ルー・リードも他界をした。だがイギー・ポップはその強靭《きょうじん》な肉体で活動を続けている。問題といえば、右耳が難聴になっている程度でいまも身体の鍛錬は欠かさない。

2003年、50代半ばでのインタビューでの発言だが、1日、プールで200ヤード（183m）を泳ぎ、40分の太極拳をこなしていたという。いまイギー・ポップは、自宅をニューヨークからマイアミに移し、好きなアートに囲まれた優雅なライフスタイルを楽しんでいる。マイアミなら裸でも過ごせる日も多い。

食生活で実践しているのは、マクロビオティック。マクロとビオティックを合成して生まれた言葉で、健康長寿という意味がある。

具体的には玄米や雑穀を主食とし、野菜、穀物、豆類などの農産物、海草類を副食とする食事法で、食材や調理法はバランスを重視した陰陽論に基づいている。食育を提案した明治時代の医師・薬剤師の石塚左玄《さげん》の陰陽論にも通じるともいわれる。かつては超過激なパフォーマンスを見せていたイギー・ポップが、冬場も温暖な気候のマイアミに移り、太極拳を取り入れ、マクロビオティックを摂っている。パンクのレジェンドもアンチエイジングなヘルシーライフを実践する。ロック・ミュージシャンのライフスタイルは大きく変化している。

ジョー・ペリー

鋼のような体力づくり

大きく変化したといえば、一時は地元ボストンでコカインのほとんどを買い占めていたとまでいわれるエアロスミスだが、スティーヴン・タイラーとバンドの二枚看板を担うギタリストのジョー・ペリー、60歳代になり鋼のような体力づくりに励んでいる。

ジョー・ペリーの場合、母親が学校の体育の先生をしていたこともあって、子供のころから家族ぐるみで運動には力を入れていた。もともとアスリートの血は流れているということだが、チーム・スポーツは苦手だったという。

家にはジムの設備もあるが、家の周りの起伏のある土地を、20分から30分かけてウエイトを持ってウォーキングをしている。ダンベルなどのウエイトで適度な負荷をかけ、両腕を振り歩くことで、上半身のシェイプアップにも効果が期待できるという。ツアー中は、エアロバイクを持っていくことはあるが、基本は腕立て伏せに腹筋などのボディウエイト・エクササイズになるという。

だがジョー・ペリーの健康法でもっとも興味深いのは、パレオ・ダイエットだろう。パレオとは「パレオリシック〜旧石器時代」の略で、旧石器時代の人たちに学び、現代社会の工場で生産されたケミカルな食物ではなく、自然界のものを食べようというダイエット。主な食品は、肉、魚、野菜（豆類を除く）、果物、ナッツ、卵で人工的に手を加えていないものが基本で、飲み物は、アルコールはもちろん、コーヒーも飲まない。ジョー・ペリーの場合、「パレオ・タイプなダイエットを試みている」ということなので、まだ完璧に実践しているわけではなさそうだが、すべてにオーガニックな食品にこだわっている。

＊

フィル・コリン、イギー・ポップ、ジョー・ペリー、それぞれ食生活は、ヴィーガン、マクロビオティック、パレオ・ダイエットと異なるが、共通しているのは、体力面の強化だけではなく、食生活にも気を配っていることで興味深い。

ジョー・ペリー、2016年はソロアルバムをリリースか？ 2013年のライブフォト

Ⅲ 豪華旅ガイド

Perfect vacation guide

優雅な旅は癒しのアンチエイジング

アンチエイジングに効果的なのは、脳と身体を活性化することだ。そのために筋トレをし、筋肉を維持するのも大切だが、効果的で楽しくできるのが、旅行だろう。ガイドブックを見ながらどこに行くかイメージを膨《ふく》らませ、旅のプランを考えるだけでも認知症の予防にもなりそうだ。そして旅に出れば、土地の風景から食べ物まで、新鮮な感動と出合えるだろう。

「百聞は一見にしかず」のことわざのように、写真でしか見たことがなかった光景は気持ちのいい刺激にもなる。その土地の食材を楽しむのもいいだろう。誰と旅をするのか？　長年連れ添ってきた夫婦で、子供や孫も加えての家族一緒に、友人知人のグループで、また一人気ままな旅もいい。退職後となると、人との出会いも少なくなるが、旅行は新たな人とのつながりをつくってくれる。

時間もお金も余裕ができる定年後に実現したい憧れの旅といえば、豪華客船による世界一周クルーズだろう。ロイヤルスイートルームともなれば、2,000万円を超えるものもある。誰でもが実現できるわけではないが、海を優雅に移動する旅から得られる非日常体験は、癒《いや》しの効果も高くアンチエイジングになる。乗船客同士の交流イベントで意外な出会いも楽しめるはずだ。家でタンス預金のお札を数えているよりは、ずっと健康的で老化防止にもなりそうだ。

豪華船で、ロック・フェスを楽しもう!

音楽好きなあなたは、アメリカでさまざまなミュージック・クルーズ船を体験してはどうだろう。豪華客船でのロック・フェスティバルもある。たとえば2016年2月22日から26日、フロリダはマイアミの港を出港するイベントで「モンスターズ・オブ・ロック・クルーズ」が行なわれた。エクストリーム、スティーブ・ヴァイ、テスラ、クイーンズライク、ウインガー、セバスチャン・バック、ハロウィーンなど、40組を超えるハード・ロック系アーティストたちが勢ぞろいした。

これには、西海岸版もあり、ロサンジェルスはサン・ペドロから出港、10月１日から５日に行なわれる「モンスターズ・オブ・ロック・クルーズ・ウエストコースト２０１６」があり、予定されている出演者は、クワイエット・ライオット、ウォレント、ミスター・ビッグ、スローター、ＬＡガンズなどで、30アーティストを超え、日本からラウドネスの名前もある。

さらに、２０１７年２月２日から７日に行なわれる「モンスターズ・オブ・ロック・クルーズ」も発表されている。フロリダ州タンパから出港する５泊６日のカリブ海クルーズで、参加アーティストは、ヴィンス・ニール（モトリー・クルー）、トム・キーファー（シン

上から「Monsters of Rock Cruise 2017」のポスター、「The KISS Kruise Ⅵ,Creatures of The Deep」のポスター、「Capital Jazz The Super Cruise」のポスター

デレラ)、ナイト・レンジャー、クイーンズライク、スローター、ストライパー、サクソン、デンジャー・デンジャー等々、日本でも馴染み深い名前が並んでいる。バンドのライブ以外にもさまざまなイベントも用意されていて、ロックファンには夢のクルージングになりそうだ。チケットはすでに売り出されているので、急いでリザーブをお勧めする。

キッスのファンで豪華客船を楽しみたい人たちには、2016年11月4日から9日の予定で、フロリダはマイアミからカリブ海の西部にあるメキシコの島コスメルや、最近租税逃れのタックス・ヘイブンでも注目を集めるケイマン諸島最大の島、グランドケイマンなどをまわるクルーズで、タイトルは「The KISS Kruise Ⅵ,Creatures of The Deep」。1982年の「クリーチャーズ・オブ・ザ・ナイト」ツアーを再現するというもの。メンバーとのフォトセッショ

フェスに使われる豪華クルーズ船。上がノルウェージャン・パール号。下がノルウェージャン・ゲッタウェイ号

ンもあり、キッズづくしの6日間。そして使われている船がスゴイ。乗客定員数2,394人、9万3,500トンのノルウェージャン・パール号。旅行代金は、一人1,120ドルからとなっている。

もちろんロックだけではない。やはりマイアミ出港で、2016年10月23日から30日の予定で行なわれるのが、「キャピタル・ジャズ・スーパー・クルーズ」というジャズ・フェスティバルのクルーズ。使用される船は、ノルウェージャン・ゲッタウェイ号。14万5,655トンの豪華客船で、乗務員数1,640人、乗客定員は3,969人。出演予定のアーティストも、リー・リトナー、エリック・ベネイ、アンジー・ストーン、ダイアン・シューア、インコグニート、パティ・オースティン等々、豪華な顔ぶれで、27種類のダイニングと22種類のバー&ラウンジでの各種料理も楽しめ、忘れられない思い出ができそうだ。

ノリノリのパーティ気分を満喫したい人たちには、世界の「お祭り番長」、ミスターワールドワイドことピットブル主催の「アフターダークパーティ」はどうだろう。2017年3月10日から13日、マイアミから出港。バハマの島、グレート・スターラップケイ島でのプライベート・ビーチ・パーティも用意されている。

豪華客船を使ったライブ、世界的なアーティストを集めたロック・フェス、時間とお金に余裕があれば、日本では体験できない貴重な体験となるはずだ。

スーパースターお気に入りのリゾート地

さて世界のロックスター、セレブな人びとは、どんな旅をしているのだろう。あなたも究極のセレブ気分を楽しめる旅を紹介しよう。

世界一の超高層ビル「ブルジュ・ハリファァ」、全長世界一の噴水ショー「ドバイ・ファウンテン」、世界最大のショッピングモール「ドバイルーム」と世界一が並ぶのが、中東のドバイだ。世界でも最高級の七つ星ホテル「ブルジュ・アル・アラブ」や、伝説の大陸、アトランティスをモデルにした「アトランティス・ザ・パーム」など、一度は泊まってみたい高級ホテルもいろいろある。広大な砂漠の宮殿ホテルでラク

ドバイにある世界最高ランクの七つ星ホテル、ブルジュ・アル・アラブ。部屋は、全室メゾネットタイプ

ダに乗っての砂漠体験などの非日常的体験は、生きていることに感謝したくなるだろう。ドバイは、ローリング・ストーンズやマイケル・ジャクソン、デヴィッド・ベッカム夫妻もお気に入りのリゾートだ。

ドバイのホテルもゴージャスだが、ブランド好きな方には、オーストラリア、ゴールド・コーストの五つ星ホテル、パラッツォ・ヴェルサーチがお勧めだ。そのホテル名のように部屋のインテリアは、すべてがヴェルサーチずくめ。U2がオーストラリアをツアーしたときに宿泊したほか、ローリング・ストーンズにロッド・スチュワート、シャナイア・トゥウェインなど世界の音楽界のスーパースターたちにスーパーモデルなど、セレブ御用達だ。あのお騒がせセレブ、パリス・ヒルトンもお気に入りだという。

常夏の楽園、ビーチリゾート派

ジェイ・Zとビヨンセのカップルが宿泊をして話題を集めたのが、インド洋に浮かぶモルディブ。二人が滞在をしたのが、タージ・エキゾチカ・リゾート&スパで、空港からスピードボートで15分というホテル、専用プール付きのコテージもあるので、スターのお忍びバカンスにはもってこいだ。トム・クルーズ&ケイティ・ホルムズ夫妻がハネムーンに選んだのも、モルディブだった。

南太平洋有数のリゾートに、ゴーギャンも愛した常夏の楽園、タヒチがある。クロスビー・スティルス&ナッシュのデヴィッド・クロスビーお気に入りのリゾートだ。

南太平洋のリゾートでは、ほかにも３３０もの島からなるフィジーの人気も高い。ローリング・ストーンズのキース・リチャーズがバカンス中に木から転落事故を起こしたが（P.129〜参照）、非日常気分でパイレーツ・オブ・カリビアンを気取っていると危険もある。

デュラン・デュランのサイモン・ルボンのお気に入りは、タイの国際的リゾート、プーケット。『ローリング・ストーン』誌にこんな発言をしている。

「素晴らしいビーチがあるよ。ただ知っているだろうけれど、モンスーンがあるだろう。雨はやむこともなく、10日間は降り続く。実際のところ、3カ月だって続く。8月に始まって、9月まではやまない。食べ物は最高だな。驚きの香辛料は、甘辛で、スパイシーなんだよ」

海と太陽とオジー・オズボーンというのはイメージではないが、暗闇の王子はビーチ・リゾート派だ。お気に入りのリゾートは、ハワイのマウイ島とカリブのアンティグア島。ハワイは１９８２年７月４日、シャロンと結婚式を挙げた思い出の地だ。アンティグアについては、こんなことを言っていた。

「地球上で最高にビューティフルな場所だぜ。天気も海もいいよ。カリブには何度か行ったけれど、あまりいいことはなかった。ところが今年（95年）、アンティグアに初めて行ったんだ。クソ素晴らしかったな」

アンティグアは1493年、クリストファー・コロンブスが発見をした島。鳩の頭を引きちぎり、コウモリの頭に噛みついたこともあるオジーだが、じつは楽園好きのロマンティストなのかもしれない。

セレブに人気の地中海

南フランスには、ニースやカンヌなど世界的にも人気の高い観光地があるが、なかでも世界のセレブに人気が高いのが、地中海に面した保養地、サントロペだ。

マドンナ、デヴィッド・ボウイ、ジャック・ニコルソンにスーパーモデルのシンディ・クロフォードもお気に入りで、マルセイユとニースの中間にある小さな街だが、すでに1920年代から上流社会の人たちが愛してきた由緒ある高級リゾート地で、ブランド店のブティックでの買い物もよし、海岸線のドライヴも、絶品の夕焼けは一生忘れられない思い出をつくってくれるはずだ。

サントロペの中心街にある老舗ホテル、ホテル・ビブロス・サントロペは、ミック・ジャガーがビアンカにプロポーズをしたホテルで、ファッションデザイナーや世界的な実業家にも愛用され、音楽界ではビヨンセ、マライア・キャリー、エルトン・ジョン、ジョージ・マイケルも宿泊をしていた。

高級リゾートの穴場をひとつ。地中海に面するイタリアの小さな漁村にポルトフィーノという村がある。東京ディズニーシーのメディテレーニアンハーバーがモデルにしたというリゾートで、19世紀に建てられたサン・ジョルジョの城があり、エメラルド・グリーンの入り江にパステルカラーの家、そして有名人たちの別荘がたち並んでいる。古くはリチャード・バート

フランス南部、コートダジュールのリゾート地、サントロペの五つ星ホテル。ホテル・ビブロス・サントロペ

ンがエリザベス・テイラーにプロポーズをしたというロマンティックな伝説の場所で、1950年代には、ハンフリー・ボガートやクラーク・ゲーブルがやってきたという。最近でもマドンナ、カイリー・ミノーグ、ロッド・スチュワートなどがレストランでロブスターなどを召し上がっていたという話もある。隠れたイタリアのセレブ・リゾート、一生に一度でいいから行ってみたいお気に入りの場所に加えて、夢を膨らませたい。

おわりに

ミック・ジャガーには、４人の女性とのあいだに7人の子供たちがいる。最初の妻、ビアンカとのあいだに生まれた娘がジェイド・ジャガー（44歳）で、ジュエリーデザイナーをしている。２０１４年、そのジェイドの娘、アシーシが交際をしていた恋人とのあいだに、女の子を出産した。ミック・ジャガー、70歳にしてひいおじいちゃんになったというわけだ。「ひいおじいちゃん」というとかなりの老人のイメージがあるが、ミック・ジャガーを見て老いた「ひいおじいちゃん」のイメージはないだろう。

２０１６年3月25日、ローリング・ストーンズは、キューバのハバナで歴史的な初ライブを行なった。「ジャンピン・ジャック・フラッシュ」で幕を開けたそのライブの中心にはミック・ジャガーがいた。歳を取り、老いると心身が衰えるというが、シェイプアップされたその身体は美しく歳を感じさせない。

なんでも、65歳になると「高齢者」の仲間に入るらしいが、数字に惑わされることはない。日本語の「老人」という言葉には、なにか人生の終わりが近いイメージが強いが、その年齢を感じさせないおじいちゃん、おばあちゃんが増えているのも事実だ。時代は確実に変わってきている。健康パワーは、年齢を超えることができる。歳に応じて老いることはないのだ。人生は、まだまだ楽しめる。

かつてロックに革命をもたらしたアーティストたちはいま、自らの身体に革命を起こしている。このレジェンドたちの健康へのこだわりを、ぜひともアンチエイジングの参考にしてほしい。どんなものを食べるのか、どんなトレーニングが効果的なのか？　自分にあった健康法を見つけることで、あなた自身も身体革命を起こしてもらいたい。

最後にこの本の企画段階から、的確なアドバイスを与えてくれたエディトリアル・プロデューサー、原田英子さんの熱意に感謝です。そして本文のデザインでは芦澤泰偉さん、児崎雅淑さんには、いい気を加えていただき、ありがとうございました。本の完成を温かく見守っていただいた、ＰＨＰ研究所第二書籍制作局の山岡勇二局次長さんに心からのお礼と感謝をいたします。

２０１６年７月

大森庸雄

編集協力　原田英子
本文デザイン　児崎雅淑
本文写真提供　ゲッティイメージズ
大森庸雄（文中にクレジット表記した写真を除く）

PHP新書

PHP INTERFACE
http://www.php.co.jp/

大森庸雄［おおもり・つねお］

音楽評論家／ラジオパーソナリティー
1947年、東京都生まれ。高校時代にラジオの構成作家、音楽ライターを始める。大学時代にはラジオパーソナリティーも始め、雑誌、新聞、テレビへと活動の場を広げる。エリック・クラプトンからセリーヌ・ディオンまで数多くの世界的アーティストを取材、70年代には、日本でのベイ・シティ・ローラーズ・ブームの火付け役となった。80年代には、米国ロックンロール・ホール・オブ・フェイムの投票員を務めた。ロック関連の論評をまとめた出版物や洋書の翻訳、CDの解説を手がけ、著書に『ロック豪快伝説』（文藝春秋）などがある。現在、日本放送作家協会会員、AFA（アメリカ占星学者連盟）会員。

生きてるぜ！ ロックスターの健康長寿力

（PHP新書1052）

二〇一六年七月二十九日　第一版第一刷

著者——大森庸雄
発行者——小林成彦
発行所——株式会社PHP研究所
東京本部——〒135-8137 江東区豊洲5-6-52
新書出版部 ☎03-3520-9615（編集）
普及一部 ☎03-3520-9630（販売）
京都本部——〒601-8411 京都市南区西九条北ノ内町11
組版——有限会社エヴリ・シンク
装幀者——芦澤泰偉＋児崎雅淑
印刷所
製本所——図書印刷株式会社

ISBN978-4-569-83118-3

ＰＨＰ新書刊行にあたって

「繁栄を通じて平和と幸福を」(PEACE and HAPPINESS through PROSPERITY)の願いのもと、ＰＨＰ研究所が創設されて今年で五十周年を迎えます。その歩みは、日本人が先の戦争を乗り越え、並々ならぬ努力を続けて、今日の繁栄を築き上げてきた軌跡に重なります。

しかし、平和で豊かな生活を手にした現在、多くの日本人は、自分が何のために生きているのか、どのように生きていきたいのかを、見失いつつあるように思われます。そして、その間にも、日本国内や世界のみならず地球規模での大きな変化が日々生起し、解決すべき問題となって私たちのもとに押し寄せてきます。

このような時代に人生の確かな価値を見出し、生きる喜びに満ちあふれた社会を実現するために、いま何が求められているのでしょうか。それは、先達が培ってきた知恵を紡ぎ直すこと、その上で自分たち一人一人がおかれた現実と進むべき未来について丹念に考えていくこと以外にはありません。

その営みは、単なる知識に終わらない深い思索へ、そしてよく生きるための哲学への旅でもあります。弊所が創設五十周年を迎えましたのを機に、ＰＨＰ新書を創刊し、この新たな旅を読者と共に歩んでいきたいと思っています。多くの読者の共感と支援を心よりお願いいたします。

一九九六年十月

ＰＨＰ研究所

［人生・エッセイ］

263 養老孟司の〈逆さメガネ〉 養老孟司
340 使える！『徒然草』 齋藤 孝
377 上品な人、下品な人 山﨑武也
507 頭がよくなるユダヤ人ジョーク集 烏賀陽正弘
600 なぜ宇宙人は地球に来ない？ 松尾貴史
742 みっともない老い方 川北義則
763 気にしない技術 香山リカ
827 直感力 羽生善治
859 みっともないお金の使い方 川北義則
873 死後のプロデュース 金子稚子
885 年金に頼らない生き方 布施克彦
900 相続はふつうの家庭が一番もめる 曽根恵子
930 新版 親ができるのは「ほんの少しばかり」のこと 山田太一
938 東大卒プロゲーマー ときど
946 いっしょうけんめい「働かない」社会をつくる 海老原嗣生
960 10年たっても色褪せない旅の書き方 轡田隆史
966 オーシャントラウトと塩昆布 和久田哲也
1017 人生という作文 下重暁子

［文学・芸術］

258 「芸術力」の磨きかた 林 望
343 ドラえもん学 横山泰行
415 本の読み方 スロー・リーディングの実践 平野啓一郎
421 「近代日本文学」の誕生 坪内祐三
497 すべては音楽から生まれる 茂木健一郎
519 團十郎の歌舞伎案内 市川團十郎
578 心と響き合う読書案内 小川洋子
581 ファッションから名画を読む 深井晃子
588 小説の読み方 平野啓一郎
731 フランス的クラシック生活
ルネ・マルタン［著］／高野麻衣［解説］
781 チャイコフスキーがなぜか好き 亀山郁夫
820 心に訊《き》く音楽、心に効く音楽 高橋幸宏
843 仲代達矢が語る 日本映画黄金時代 春日太一
905 美 福原義春
913 源静香は野比のび太と結婚するしかなかったのか 中川右介
916 乙女の絵画案内 和田彩花
949 肖像画で読み解くイギリス史 齊藤貴子
951 棒を振る人生 佐渡 裕
959 うるわしき戦後日本
ドナルド・キーン／堤 清二（辻井 喬）［著］